KB151026

마음을
열어주는
101가지
이야기 2

마음을
열어주는
101가지
이야기 2

잭 캔필드 · 마크 빅터 한센

류시화 옮김

인빅투스

차례

4. 자신의 꿈을 이루는 일에 대하여

5. 지혜를 찾아서

독자에게

나는 당신을 위해 여기에 있습니다.
당신이 이 세상에서 혼자라고 느끼거나
외롭다고 생각될 때
나를 찾으세요.
당신의 마음이 의심으로 흔들리고
자신감은 먼 기억처럼 사라질 때
내 빛을 발견하세요.
당신의 삶에서 무엇인가 혼란스러울 때
내 지혜에 귀를 기울이세요.
당신의 몸이 아플 때
어머니가 따뜻한 죽을 끓여주시곤 했던 것처럼
당신의 영혼에 생기를 불어넣기 위해
나는 여기에 있습니다.
가족과 사랑에 대한 내 따뜻한 이야기가
당신을 고독한 동굴에서 걸어나오게 할 것입니다.
용기와 참을성에 대한 내 이야기가 당신에게

생의 의지를 갖게 할 것입니다.
내 처방전에는 지혜와 영감을 주는
강한 약제가 포함돼 있습니다.
도전의 산이 앞을 가로막을 때
그 위로 걸어올라가 구름과 별들 사이에 선
용기 있는 사람들이 제공한 약제들입니다.
당신이 생의 유머를 잃었을 때,
그리고 당신의 재능을 세상과 나눌 기회를 잃었을 때
이 약으로 당신의 존재는
새로운 에너지와 기운으로 채워질 것입니다.
진정한 삶을 산 사람들, 인생에 승리한 사람들의 이야기가
당신의 발걸음에 가벼움을 주고
당신의 꿈에 활기를 불어넣을 것입니다.
지혜로운 영혼을 가진 이들의 생각이
당신을 구속하고 있는 두려움을
한순간에 날려 보낼 것입니다.
그리고 무엇보다도 나는 당신에게
미래를 볼 줄 아는 영양제를 줄 것입니다.
기쁨과 행복과 승리,
건강과 충만함과 사랑으로 가득 찬 미래를.

존 웨인 쉴레터

1권을 내고 나서

배움이란 당신이 이미 알고 있는 것을 발견하는 일이다. 삶이란 당신이 알고 있는 그것을 증명하는 일이다. 그리고 가르침이란 당신과 마찬가지로 다른 사람들에게도 그들이 이미 알고 있는 것을 일깨우는 일이다. 우리 모두는 배우며, 살며, 가르치고 있다.

리처드 바크

이 책에 실린 이야기들은 우리가 수년간에 걸쳐 방송과 강연을 통해 사람들에게 들려줬고, 그중 감동적인 내용만을 골라 최소한 다섯 번 이상씩 고쳐 쓴 것들이다. 이 책을 읽을 때는 당신이 지금까지 학교에서 배운, 빨리 책 읽는 습관을 모두 잊어 주기 바란다. 천천히 책장을 넘겨 달라고 우리는 부탁한다. 당신의 마음과 가슴으로 이 글들을 읽어 나가기 바란다. 각각의 이야기들을 충분히 음미하고, 그것이 당신의 삶에 가닿도록 하라. 어떤 내용이 당신의 삶에 가치 있다고 여겨지거든 미루지 말고 그것을 당신의 것으로 만들라고 우리는 권한다.

어떤 이야기들은 당신에게 다른 것들보다 더 크게 울려 올 것이다. 어떤 이야기들은 또 더 깊은 의미로 다가온다. 또 어떤 이야기들은 당신에게 더 따뜻한 느낌을 주고, 당신의 눈가를 적실 것이다. 이 책을 읽고 나서의 반응은 그렇게 다양하다.

그러나 우리는 당신이 부디 이 책을 단숨에 읽어 내려가지 말았으면 좋겠다. 시간을 갖고, 당신의 온 존재를 실어 읽어 주기 바란다. 이 이야기들은 그저 금언적인 내용을 모은 것이 아니라 40년간에 걸친 우리 두 사람의 경험이 합쳐진 결과이다. 따라서 군더더기는 걷어냈고 알맹이만을 여기에 골라 실었다.

마지막으로, 만일 당신이 이 책의 어떤 내용에 감동을 받았다면 다른 사람들에게 그것을 들려주기를 부탁한다. 그것이 우리들 각자의 삶을 바꿔 놓을 수 있기 때문이다. 한 편의 이야기를 읽고 주위의 어떤 사람이 생각난다면 전화로든 편지로든 그에게 꼭 읽어 주기 바란다.

이 책을 편집할 때 우리는 이야기의 원작자나 주인공을 확인할 수 있는 경우에는 모두 연락을 취해 그들 자신의 목소리로 다시 써 주기를 부탁했다. 따라서 많은 이야기들이 우리 엮은이들의 목소리가 아니라 주인공 자신의 목소리로 여기에 실려 있다. 우리는 행복한 마음으로 이 작업을 했다. 당신 역시 이 책을 통해 행복에 가까워지기를 우리는 기원한다.

잭 캔필드
마크 빅터 한센

1

마음 자세에 대하여

우리 세대의 가장 위대한 발견은
인간이 자신의 마음 자세를 바꿈으로써
삶을 바꿀 수 있다는 사실을
발견한 것이다.

윌리엄 제임스

발자국

어느 날 밤 한 사람이 꿈을 꾸었다. 꿈 속에서 그는 신과 함께 해변가를 산책하고 있었다. 그리고 하늘 저편에서는 그가 지금까지 살아온 삶의 모든 장면들이 영화처럼 상영되고 있었다. 각각의 장면마다 그는 모래 위에 새겨진 두 줄의 발자국을 발견할 수 있었다. 하나는 그의 것이었고, 다른 하나는 신의 발자국이었다. 그가 살아오는 동안 신이 언제나 그와 함께 걸었던 것이다.

마지막 장면이 펼쳐지고 있을 때쯤 그는 문득 길 위에 있는 발자국들이 어떤 때는 단지 한 줄밖에 나 있지 않다는 것을 알아차렸다. 또 그것이 그의 생애에서 가장 절망적이고 슬픈 시기마다 그러했었다는 사실을 알았다.

이것이 마음에 걸려서 그는 신에게 물었다.

"주여, 당신은 내가 일단 당신을 따르기로 결심한다면 언제나 나와 함께 걸어갈 것이라고 했습니다. 하지만 제 인생에서 가장 힘든 시기들을 뒤돌아보니 거기에는 발자국이 한 줄밖에 없었습니다. 난 이유를 모르겠습니다. 왜 당신은 정작 필요할 때면 나를 버렸습니까?"

신이 말했다.

"내 소중한 사람아, 난 그대를 사랑하며 결코 그대를 떠나지 않을 것이다. 그대가 힘들고 고통스러웠을 때마다 그대는 발자국이 한 줄밖에 없음을 알았을 것이다. 그것은 그럴 때마다 내가 그대를 두 팔에 안고 걸어갔기 때문이다."

작자 미상

절망적이라구요?

어느 날 회사일을 마치고 차를 몰고 집으로 돌아가던 중에 나는 집 근처 공원에 잠시 차를 세웠다. 그곳에서 벌어지고 있는 동네 꼬마들의 야구 경기를 구경하기 위해서였다. 일루 쪽 벤치에 앉으면서 나는 일루 수비를 보고 있는 아이에게 점수가 어떻게 되느냐고 소리쳐 물었다.

아이는 웃으면서 말했다.

"우리가 14대 0으로 지고 있어요."

내가 말했다.

"그래? 그런데 넌 그다지 절망적이지 않아 보이는구나."

그러자 아이가 깜짝 놀란 표정을 하고 내게 말했다.

"절망적이라구요? 왜 우리가 절망적이어야 하죠? 우린 아직 한 번도 공격을 하지 않았는데요."

잭 캔필드

춤추는 사람

노래를 부르기 좋아하는 사람은 언제 어디서나 노래를 발견한다.

스웨덴 속담

인간은 자신이 얼마큼 마음 먹느냐에 따라 행복해진다.

에이브러햄 링컨

차를 몰고 고속도로나 터널을 지나간 적이 있다면 당신은 통행료 징수대에서 근무하는 직원과 당신의 관계가 세상에서 가장 기계적인 관계라는 사실을 잘 느꼈을 것이다. 그 관계야말로 인간이 삶에서 부딪치는 아주 기계적인 만남들 중의 하나다. 당신은 징수원에게 돈을 내고, 거스름돈을 받거나 한 다음에 차를 몰고 그곳을 떠난다. 그것이 전부다.

오클랜드 섬과 샌프란시스코를 잇는 금문교에는 17개의 통행료 징수대가 있다. 나는 지금까지 수천 번도 넘게 그 징수대들을 통과했지만 어떤 직원과도 기억에 남을 만한 가치 있는 만남을 가진 적이 없다. 그냥 날마다 기계적으로 돈을 내고받고 지나갔을 뿐이다.

1984년 어느 날 아침, 나는 샌프란시스코에서의 점심 약속 때문에 다리를 건너기 위해 통행료 징수대들 중 하나로 차를 몰고 다가갔다. 그때 내 귀에 큰 음악소리가 들렸다. 마치 파티석상에서 울려퍼지는 댄스 뮤직이거나 마이클 잭슨이 콘서트라도 열고 있는 것 같은 요란한 음악이었다. 나는 놀라서 주위를 둘러보았다. 차문이 열려 있는 차는 한 대도 눈에 띄지 않았다. 다른 차에서 들려오는 사운드 트랙이 아니었던 것이다. 나는 통행료 징수대를 쳐다보았다. 그런데 그 안에서 한 남자가 춤을 추고 있었다.

내가 물었다.

"지금 뭘 하고 있는 거요?"

그가 말했다.

"난 지금 파티를 열고 있소."

나는 다른 징수대들을 둘러보았지만 그 사람말고는 아무도 몸을 움직이는 이가 없었다.

"그럼 다른 사람들은 왜 가만히 있지요?"

"그들은 초대받지 않았수다."

물어볼 게 많았지만 뒤에서 기다리는 차가 경적을 울려댔기 때문에 나는 차를 몰고 그곳을 떠나야 했다. 하지만 나는 마음속에 새겨 두었다. 이 친구를 다시 만나봐야지 하고……. 그의 눈빛은 그 통행료 징수대 안에 뭔가 마술적인 것이 있다고 말하는 듯했다.

몇 달 뒤 나는 그 친구를 다시 발견했다. 그는 아직도 통행료 징수대 안에서 음악을 크게 틀어 놓고, 아직도 혼자서 파티 중이었다.

내가 다시 물었다.

"지금 뭘 하고 있는 거요?"

그가 말했다.

"당신 지난 번에도 똑같은 걸 물었던 사람 아니오? 기억이 나는구먼. 난 아직도 춤을 추고 있소. 똑같은 파티를 계속 열고 있는 중이라니까."

내가 말했다.

"그럼 다른 사람들은 왜 가만히 있죠?"

그러자 그는 다른 통행료 징수대들을 가리키며 되물었다.

"당신 눈에는 저 칸막이들이 어떻게 보이슈?"

"그야 통행료 받는 곳으로 보이죠."

그가 소리쳤다.

"저어어어언혀 상상력이 없구먼!"

내가 말했다.

"좋습니다. 내가 상상력이 없다는 걸 인정하죠. 그럼 당신 눈에는 저것들이 어떻게 보입니까?"

그는 말했다.

"수직으로 세워 놓은 관들이지."

"지금 무슨 소릴 하는 거예요?"

"내가 그걸 증명해 보이겠소. 매일 아침 8시 30분이면 살아 있는 사람들이 저 안으로 들어가지. 그들은 저 안에서 여덟 시간 동안 죽어 있는 거요. 오후 4시 30분이 되면 그들은 무덤에서 일어난 나자로처럼 저곳을 걸어나와 집으로 가는 거요. 여덟 시간 동안 두뇌는 죽은 자처럼 정지해 버리고, 오직 돈 세는 일에만 매달려 있지. 오직 그 일에 필요한 동작만 하면서 말이오."

난 놀랐다. 이 친구가 자신의 직업에 대해 하나의 철학, 하나의 신학을 발전시켰던 것이다. 나는 그 다음 질문을 던지지 않을 수 없었다.

"그런데 당신은 왜 다르죠? 당신은 좋은 시간을 보내고 있는 것 같군요."

그가 나를 쳐다보았다.

"그걸 물을 줄 알았지. 난 댄스 교사가 될 꿈을 갖고 있소. 춤 가르치는 선생 말이오. 그래서 이곳에서 통행료를 받으며 열심히 춤 연습을 하고 있는 거요."

그는 건너편에 있는 사무실을 가리키며 말했다.

"저곳에서 내 월급을 주지. 말하자면 저 사람들이 내 춤 교습비를 대 주고 있는 거요."

정확히 똑같은 상황에서도 열여섯 명은 죽어 있는데, 열일곱 번째 사람은 '살아 있는' 길을 발견한다. 당신과 내가 사흘도 지겨워서 못 견딜 그런 좁은 공간 안에서 이 사람은 파티를 열고 있는 것이다.

나중에 그 사람과 나는 점심을 같이 먹었다. 그가 말했다.

"다른 사람들이 내 직업을 따분하게 평가하는 걸 난 이해할 수 없소. 난 혼자만 쓸 수 있는 사무실을 갖고 있는 셈이고, 또한 사방이 유리로 되어 있소. 그곳에선 금문교와 샌프란시스코, 그리고 버클리의 아름다운 산들을 다 구경할 수 있소. 미국 서부의 휴가객 절반이 그곳을 구경하러 해마다 몰려오지 않소. 그러니 난 얼마나 행운이오. 날마다 어슬렁거리며 걸어와서는 월급까지 받으며 춤 연습을 하면 되거든요."

찰스 가필드 박사

마음의 창

삶은 우리 자신이 만드는 것이고, 언제나 우리 자신이 만들어 왔고, 앞으로도 우리 자신이 만들어 나갈 것이다.

그랜드마 모세

중병에 걸린 두 사람이 있었다. 둘은 큰 병원의 같은 병실에 입원했다. 병실은 아주 작았고, 바깥 세상을 내다볼 수 있는 창문이 하나밖에 없었다. 한 사람은 치료의 과정으로 오후에 한 시간씩 침대 위에 일어나 앉도록 허락을 받았다. 폐에서 어떤 용액을 받아내기 위해서였다. 그는 침대가 창가에 있었기 때문에 일어나 앉을 때마다 바깥 풍경을 내다볼 수 있었다. 하지만 다른 환자는 하루 종일 침대에 꼼짝없이 누워 있어야만 했다.

매일 오후 정해진 시간이 되면 창가의 환자는 침대에 일어나 앉아 바깥을 내다보았다. 그는 바깥 풍경을 맞은편 환자에게 일일이 설명하면서 시간을 보내곤 했다. 창을 통해 호수가 있는 공원이 내다보이는 모양이었다. 호수에는 오리와 백조들이 떠다니고, 아이들이 와서 모이를 던져 주거나 모형배를 띄우며 놀고 있었다. 젊은 연인들은 손을 잡고 나무들 아래를 산책하고, 꽃과 식물들이 주위에 많았다. 이따금 공놀이가 벌어지기도 했다. 그리고 나무들 너머 저편으로는 도시의 스카이라인이 선명하게 보이기도 하는 모양이었다.

누워 있는 환자는 창가의 환자가 이 모든 풍경을 설명해 줄 때마다 즐겁게 들었다. 한 아이가 어떻게 해서 호수에 빠질 뻔했는지도 듣고, 대단히 매력적인 아가씨들이 여름옷을 입고 활기차게 걸어가는 얘기도 들었다. 창가의 환자가 어찌나 생생히 묘사를 잘 하는지 그는 마치 자신이 지금 바깥 풍경을 내다보고 있는 듯한 착각이 들곤 했다.

그러던 어느 날 오후 한 가지 생각이 그를 사로잡았다. 왜 창가에 있는 저 사람만이 특권을 누리고 있는가? 왜 그 사람 혼자서 바깥을 내다보는 즐거움을 독차지하고 있는가? 왜 자신에게는 기회가 돌아오지 않는가? 그는 이런 생각을 하는 자신이 부끄러웠지만 그 생각을 떨쳐 버리려고 노력하면 할수록 점점 더 창가에 있는 환자에게 질투가 났다. 침대의 위치를 바꿀 수만 있다면 무슨 일이든 하고 싶었다.

어느 날 밤이었다. 그가 천정을 바라보며 누워 있는데 창가의 환자가 갑자기 기침을 하면서 숨을 몰아쉬기 시작했다. 그리고 손을 버둥거리며 간호사 호출 버튼을 찾는 것이었다. 갑자기 병세가 악화된 것이 분명했다. 그는 당연히 그 환자를 도와 비상벨을 눌러 주었어야 함에도 불구하고 가만히 지켜보기만 했다. 그 환자의 숨이 완전히 멎을 때까지도.

아침에 간호사는 창가의 환자가 숨져 있는 걸 발견했다. 그리고 조용히 시신을 치워갔다.

적절한 시기가 되자 그는 창가 쪽으로 침대를 옮기고 싶다고 간호사에게 요청했다. 병원 직원들이 와서 조심스럽게 그를 들어 창가 쪽 침대로 옮겨 주었다. 그리고 편안히 누울 수 있도록 자리를 매만져 주었다.

직원들이 떠나자마자 그는 안간힘을 다해 침대에서 몸을 일으켰다. 통증이 느껴졌지만 팔꿈치를 괴고 간신히 상체를 세울 수 있었다. 그는 얼른 창밖을 내다보았다.

창밖에는 아무것도 없었다. 맞은편 건물의 회색 담벽이 가로막고 있을 뿐이었다.

작자 미상
로널드 달스턴과 해리엇 린세이 제공

낙관론자

생김새가 똑같은 쌍둥이의 이야기다. 한 아이는 언제나 희망으로 가득한 낙관론자였다. 그 아이는 말하곤 했다.

"모든 일이 잘 되어 가고 있어!"

다른 아이는 늘상 슬프고 절망적인 비관론자였다. 그 아이에 비하면 머피의 법칙에 나오는 머피는 오히려 낙관론자였다. 걱정이 된 부모는 아이들을 데리고 정신과의사를 찾아갔다.

의사는 부모에게 아이들의 성격에 균형을 가져다 주기 위해 한 가지 제안을 내놓았다.

"다음 번 아이들의 생일날, 아이들을 각자 다른 방에 넣고 선물을 열어 보게 하십시오. 비관적인 아이에겐 당신들이 사 줄 수 있는 최고의 선물을 주고, 낙관론자인 아이의 선물 상자에는 거름을 넣어 주십시오."

의사의 제안대로 두 아이에게 선물을 준 다음 부모는 비관론자인 아이의 방을 몰래 들여다보았다. 그러자 아이가 큰소리로 불평을 해대고 있었다.

"이 컴퓨는 색깔이 맘에 안 들어……. 이 계산기는 틀림없이 금방 고장이 날 거야……. 이 게임은 정말 싫어……. 내가 아는 다른 아이는 이것보다 훨씬 큰 자동차를 갖고 있단 말야……."

부모는 몰래 복도를 지나 낙관론자인 아이의 방으로 다가가 안을 들여다보았다. 그 아이는 신이 나서 거름을 공중에 내던지며 이렇게 킥킥대고 있었다.

"날 놀리지 말아요! 이렇게 많은 거름이 있다면 틀림없이 당나귀를 한 마리 사 오신 거죠?"

작자 미상
브라이언 카바노프의 〈씨 뿌리는 사람의 더 많은 씨앗〉에서

빨간 드레스

엄마가 임종의 자리에 누워 계시는 동안
엄마의 빨간 드레스는
옷장 속에서
엄마가 평생 동안 입고 다닌 낡은 옷들 사이에
깊이 베인 상처처럼 걸려 있었다.

위독하다는 전화를 받고
집으로 달려가 엄마를 보았을 때
난 엄마가 얼마 못 가시리라는 걸 알았다.

옷장에서 그 드레스를 보고 내가 말했다.
"엄마, 정말 예쁜 옷이군요.

엄마가 이 옷을 입으신 걸 한 번도 못 봤어요."

엄마가 말씀하셨다.
"난 그 옷을 한 번도 입은 적이 없단다.
이리 와서 앉아라, 밀리.
세상을 떠나기 전에
할 수만 있다면 너에게
한두 가지 교훈을 들려 주고 싶구나."

나는 엄마의 침대 곁으로 가서 앉았다.
엄마는 깊이 숨을 들이쉬고 나서 말씀하셨다.
"이제 난 머지않아 세상을 떠날 거다.
그래서 어떤 사실들을 보다 분명히 볼 수 있지.
난 너에게 좋은 걸 가르치려고 했었다.
하지만 난 너에게 나쁜 걸 가르쳤어."

"그게 무슨 말씀이세요, 엄마?"

"난 늘 생각했다.
좋은 여자는 자기 차례를 내세우지 않는다고.
언제나 다른 사람을 위해 자신을 희생한다고.

언제나 다른 사람이 필요로 하는 걸 먼저 하고
자신에 대해선 맨 나중에 생각해야 한다고.
그러다 보면 언젠가는 자신의 차례가 오겠지,
하고 나는 생각했었다.
하지만 그런 때는 결코 오지 않았어.
내 인생은 언제나 그런 식이었다.
네 아버지를 위해 일하고
네 오빠들과 언니들, 그리고 널 위해 일했지."

"엄마는 정말 엄마가 할 수 있는 모든 걸 하셨어요."

"밀리야, 그것은 좋은 일이 아니었다.
너희를 위해서도, 네 아버지를 위해서도.
그걸 모르겠니?
난 가장 나쁜 짓을 했단다.
내 자신을 위해선 난 아무것도 요구하지 않았어.
저쪽 방에 계시는 네 아버지는
지금 걱정이 돼서 벽을 바라보고 앉아 계시다.
의사가 아버지에게 소식을 말했을 때
네 아버지는 슬픈 표정으로 내게 다가와
떨면서 말했지.

'죽으면 안 돼, 여보. 내 말 들려?
당신이 죽으면 우린 어떡하라구!'

'우린 어떡하라구?'
내가 떠나면 물론 힘들겠지.
네 아버지는 너도 알다시피 프라이팬 하나도 찾지 못할 거야.

그리고 너희들······.
난 어딜 가나 너희들 모두를 위해 무료 봉사를 했다.
난 가장 먼저 일어나고 가장 늦게 잠자리에 들었지.
일주일에 칠일 동안
하루도 빠짐없이 밥을 해야 했어.
그러면서도 난 가장 적게 먹었다.

난 이제 네 오빠들이
자신의 아내들을 어떻게 대하는지를 본다.
그걸 보면 난 속이 뒤집힌다.
왜냐하면 그들에게 그것을 가르친 건 나였고
그들은 그것을 배웠으니까.
그들은 여자란 봉사할 때를 제외하고는
존재하지도 않는다고 배웠으니까.

내가 저축한 돈은 한 푼도 남김없이
너희들의 옷과 책을 사는 데 들어갔다.
그것들은 꼭 필요한 것들도 아니었어.
난 나 자신을 위해
뭔가 아름다운 것을 사려고 시내에
쇼핑을 나간 적도 없다.

단 한 번, 작년에 저 빨간 드레스를 산 것을 제외하고는.
난 그것이 20달러라는 걸 알았지.
그것은 특별히 내 자신을 위해 주문한 것도 아니었어.
난 세탁소에 돈을 내러 가는 중이었지.
어쨌든 난 이 큰 상자를 들고 집으로 돌아왔다.
그때 네 아버지가 말했지.
  '당신 그런 옷을 어디에 입고 가려고 그래?
오페라라도 보러 갈 거야?'
네 아버지 말이 맞았다.
난 그 옷을 옷가게에서 한 번 입어본 것말고는
한 번도 입을 기회가 없었어.

밀리야, 난 언제나 생각했었다.
이 세상에서 내가 내 자신을 위해 아무것도 욕심내지 않으면

저 세상에서 그 모든 것이 나에게 돌아온다고.
하지만 난 그것을 더 이상 믿지 않아.
난 생각한다. 신께서는 우리가
지금 여기에서 모든 걸 갖기를 바라신다고.

너에게 말하고 싶다, 밀리야.
만일 어떤 기적이 일어나 이 병상에서 내가 일어나게 된다면
넌 완전히 다른 엄마를 보게 될 거다.
왜냐하면 난 달라질 테니까.
아, 나는 내 차례를 너무도 오랫동안 무시했다.
어떻게 내 차례를 주장해야 하는지도 거의 잊었어.
하지만 난 배울 테다, 밀리야.
난 배울 거야."

엄마가 임종의 자리에 누워 계시는 동안
엄마의 빨간 드레스는
옷장 속에서
엄마가 평생 동안 입은 낡은 옷들 사이에
깊이 베인 상처처럼 걸려 있었다.

엄마가 나에게 남긴 마지막 말들은 이러했다.

"내게 약속해다오, 밀리야.
넌 엄마의 뒤를 밟지 않겠다고.
그것을 약속해 다오."

난 약속했다.
엄마는 숨을 한 번 들이쉰 다음
자신의 차례를 택해
세상을 떠나셨다.

작자 미상
캐들린 콜린슨 박사 제공

선택

행복한 사람은 어떤 특정한 환경 속에 있는 사람이 아니다. 오히려 어떤 특정한 마음 자세를 갖고 살아가는 사람이다.

휴 다운즈

내 아내 테레와 나는 12월에 새 차를 샀다. 그해 크리스마스에 우리는 아내의 친정 할머니를 방문하기 위해 캘리포니아에서 휴스턴까지 비행기를 타고 갈 수도 있었지만, 새 차를 길들일 겸 텍사스까지 자동차로 가기로 결정했다. 우리는 차 안에 온갖 필요한 물건을 싣고 신나게 출발했다.

일주일 동안 우리는 테레의 할머니와 함께 즐거운 시간을 보냈다. 돌아오는 길에 우리는 서둘러 집에 도착할 필요가 있었다. 그래서 쉬지 않고 곧장 차를 몰았다. 한 사람이 운전할 동안 다른 사람은 잠을 잤다.

몇 시간 동안 폭우 속을 운전한 끝에 그날 밤 늦게 우리는 집에 도착했다. 두 사람 다 지쳤고 따뜻한 물로 샤워를 하고 어서 빨리 푹신한 잠자리에 들고 싶었다. 하지만 아무리 피곤하다 해도 차에 있는 짐을 내려야 한다고 나는 생각했다. 그러나 테레가 원하는 것은 오직 뜨거운 샤워와 푹신한 침대였다. 그래서 우리는 다음 날 아침에 짐을 내리기로 했다.

아침 일곱 시, 우리는 기분이 상쾌해져서 눈을 떴다. 이제 짐을 내릴 준비가 되었다. 우리가 현관문을 열고 밖으로 나갔을 때 바로 집 앞에 세워 두었던 우리 차가 온데간데 없이 사라져 버렸다. 테레와 나는 서로를 쳐다보고 다시 길가를 쳐다보고, 또다시 서로를 쳐다본 뒤 다시 길가를 쳐다보았다가, 또 서로를 쳐다보았다. 그때 테레가 이런 멋진 질문을 했다.

"당신 어젯밤에 어디다 차를 세워둔 거예요?"

웃으면서 내가 대답했다.

"집 앞에 세웠지."

간밤에 차를 집 앞에 주차시킨 것이 확실했지만 그래도 우리는 혹시 하는 마음으로 집 앞 도로를 다 살폈다. 간밤에 기적이 일어나 우리의 차가 혼자서 도로를 굴러가 커브길 옆에 정지했을지도 모를 일이었다. 하지만 차는 어디에도 없었다.

당황한 나는 경찰서에 전화를 걸었다. 그리고 경찰이 자랑하는 최첨단 추적망을 시험해 볼 수 있는 보고서까지 제출했다. 안전을 기하기 위해 나는 또 도난 차량을 찾아 주는 경비회사에도 전화를 걸었다. 그들은 두 시간 이내에 98퍼센트의 확률로 차를 되찾을 수 있다고 장담했다. 두 시간 뒤 나는 전화를 걸어 물었다.

"내 차는 어디에 있소?"

"아직 발견하지 못했습니다, 해리스 씨. 하지만 네 시간 이내라면 94퍼센트의 확률로 댁의 차를 찾을 수 있으실 겁니다."

다시 두 시간 흘렀다. 난 재차 전화를 걸어서 물었다.

"내 차는 어디에 있소?"

또다시 그들은 대답했다.

"아직 그 차를 발견하지 못했지만, 여덟 시간 이내라면 90퍼센트의 확률로 차를 찾을 수 있으실 겁니다."

이 시점에서 난 그들에게 말했다.

"내가 차를 찾지 못하고 있는 상황에서는 당신들의 확률은 내게 아무런 의미도 없어요. 그러니 차를 발견하면 내게 전화를 주시오."

그날 늦게 텔레비전 광고에서 한 자동차 회사가 광고를 했다.

"이런 차를 당신 집 앞에 세워 두고 싶지는 않으십니까?"

난 소리를 꽥 질렀다.

"그래, 그러고 싶다! 어젯밤에도 난 그것과 똑같은 차를 우리 집 현관 앞에 세워뒀었지!"

하루가 끝나가면서 테레는 점점 당황하기 시작했다. 차 안에 어떤 물건들을 두었는가가 점점 기억났기 때문이다. 대충 몇 가지만 나열해도 우리의 결혼식 앨범과 조상 대대로 물려져 내려온 무엇으로도 대신할 수 없는 가족 사진들, 옷가지들, 모든 카메라 장비, 내 지갑, 우리의 수표책자 등이 있었다. 이것들은 우리의 생존에 절대적인 필요한 품목들은 아니었지만 그래도 그 순간에는 그것들이 무척 중요하게 여겨졌다.

너무나 속상해 하면서 테레가 내게 소리쳤다.

"우리의 소중한 물건들과 새 차가 사라졌는데 어떻게 당신은 이런 상황에서 농담을 할 수 있어요?"

나는 아내를 쳐다보며 말했다.

"여보, 우리는 차를 잃어버리고 화가 날 수도 있고, 아니면 차를 잃어버리고 행복할 수도 있소. 어느 쪽이든 우리가 차를 잃어버린 건 분명하오. 우리가 어떤 기분과 마음을 갖느냐는 전적으로 우리의 선택에 달려 있다고 난 믿어요. 그리고 지금 나는 차를 잃어버리고 행복한 쪽을 선택하고 싶소."

닷새 뒤 우리의 차는 우리에게 돌아왔다. 차 안에 있던 소지품들은 흔적조차 없었고, 차는 3천 달러의 수리비가 들 정도로 찌그러져 있었다. 나는 곧장 카센터에 수리를 맡겼다. 기쁘게도 그들은 일주일 내에 작업을 완료하겠다고 말했다.

주말에 나는 렌트카를 돌려주고 우리의 차를 되찾아 왔다. 마침내 우리의 차가 돌아와서 무척 흥분되고 안심도 되었다. 그러나 불행히도 이런 감정은 오래 가지 않았다. 집으로 돌아오는 길에 나는 프리웨이를 벗어나는 지점에서 앞에 가는 차를 들이박고 말았다. 앞차는 아무 이상이 없었지만 내 차는 크게 부서졌다. 또다시 수리비가 3천 달러 정도는 들어갈 판이었다. 게다가 보험료도 올라갈 게 틀림없었다.

나는 우리 집 앞까지 간신히 차를 몰아왔다. 차가 얼마나 부서졌는가를 살피기 위해 내가 차에서 내려서는 순간 왼쪽 앞바퀴가 펑크가 나면서 푹 주저앉았다.

화가 난 나머지 차의 꽁무니를 발로 걷어차면서 식식대고 있는데 테레가 마침 집에 도착했다. 아내는 나를 향해 걸어오더니 차를 한 번 보고 나를 한 번 보았다. 그러더니 다시 한 번 차를 보고 또다시 나를 보았다. 내가 몹시 기분이 뒤틀려 있는 걸 알고 아내는 두 팔로 나를 안으며 말했다.

"여보, 우리는 차를 부서뜨리고 화를 낼 수도 있고, 차를 부서뜨리고 행복할 수도 있어요. 어느 쪽을 선택하든 차가 부서진 건 기정사실이에요. 그러니 우리, 차가 부서지고 행복한 쪽을 선택합시다."

나는 그만 마음속 깊은 곳에서부터 웃음이 터져 나왔다. 우리는 어깨를 껴안고 집으로 들어가 즐거운 저녁 시간을 함께 보냈다.

밥 해리스

세상에서 가장 아름다운 천사

바보의 가슴은 그의 입속에 있지만, 지혜로운 자의 입은 그의 가슴속에 있다.

벤자민 프랭클린

지난 20년 동안 나는 다양한 계층의 관객 앞에서 벤자민 플랭클린(18세기에 살았던 미국의 정치가이며 과학자)의 역을 연기해 보았다. 내 관객은 주로 각종 단체나 집회의 참석자들이지만, 나는 특히 학교 학생들 앞에서 연기하는 것을 좋아한다. 필라델피아 지역의 여러 단체들과 연관을 맺고 일할 때 나는 그들에게 지역 공동체에 기여하는 의미에서, 두 학교에서 내가 연기를 해보일 수 있도록 스폰서가 돼 달라고 요청했다.

내 요청은 흔쾌히 받아들여졌다. 매우 어린 학생들까지 내가 연기하는 벤자민 프랭클린의 역에 담긴 메시지를 잘 이해한다는 사실을 발견하고 나는 무척 기뻤다. 연기가 끝난 뒤 나는 학생들에게 질문할 기회를 주었다. 내 연기가 너무도 실감이 났던지 학생들은 내가 진짜로 벤자민 프랭클린이기라도 한 것처럼 진지하게 나와의 대화에 참여했다.

한번은 초등학교에서 연기를 마친 뒤 나는 미국 역사를 공부하는 학생들의 질문에 답하기 위해 5학년 교실을 방문했다. 한 학생이 손을 들고 말했다.

"전 당신이 죽었다고 생각했었어요."

이것은 내가 자주 받는 질문이기도 했다. 그 말에 나는 이렇게 대답했다.

"나는 1790년 4월 17일에 84세의 나이로 죽었었지. 그런데 그게 맘에 들지 않아서 다신 그러지 않기로 했어."

나는 얼른 다른 질문들을 주문했고, 교실 맨 뒤에서 손을 드는 한 남자아이를 지목했다.

머뭇거리며 일어난 그 학생은 잠시 망설이다가 물었다.

"당신이 하늘나라에 갔을 때 거기서 우리 엄마를 만나셨나요?"

나는 가슴이 철렁했다. 숨을 데라도 있으면 당장에 숨고 싶은 심정이었다. 머릿 속에 떠오르는 것은 '잘못 대답해선 안 된다'는 생각뿐이었다.

나는 알 수 있었다. 열두 살이나 먹은 남자아이가 모든 반친구들이 지켜보는 앞에서 그런 질문을 한다는 것은 그 일이 최근에 일어났거나 아니면 그 아이에게 가장 중요한 일이라는 것을 의미했다. 무슨 대답이든지 해야만 했다.

나는 자신도 모르게 이렇게 말했다.

"내가 본 사람이 너의 엄마인지는 확실하지 않지만, 그 분이 너의 엄마라면, 아무튼 내가 본 그 분은 거기서 가장 아름다운 천사였다."

소년의 얼굴에 환한 미소가 떠올랐다. 나는 내가 제대로 대답했음을 알았다. 나는 그 순간에 어디서 그런 대답이 떠올랐는지 아직도 모른다. 아마도 그곳에 있는 가장 아름다운 천사가 나를 약간 도와줬을 것이라고 생각한다.

랄프 아키볼트

2

배움과 가르침에 대하여

지금으로부터 50년 후면 당신이 현재 무슨 종류의
차를 몰고 있고, 어떤 집에서 살고 있으며,
통장에 얼마큼의 돈을 갖고 있고,
어떤 옷을 입고 있는가는 중요하지 않게 될 것이다.
하지만 세상은 좀 더 살기 좋은 곳이 될 것이다.
왜냐하면 한 아이의 삶에서
당신은 중요한 존재였기 때문이다.

작자 미상

마법의 돌

어떤 생각을 습관적으로 갖는가가 우리의 삶을 결정한다. 그것은 가까운 인간관계보다 더 많은 영향을 우리의 인생에 미친다. 아무리 친한 친구라 해도 우리가 품고 있는 생각들만큼 우리의 삶을 결정짓는 데 많은 역할을 하지 못한다.

J. W. 틸

"우리는 왜 이런 쓸데없는 것들을 배워야 하죠?"

지난 수년간 학교에서 아이들을 가르치면서 내가 아이들로부터 받은 질문과 불평 중에서 가장 자주 듣는 것이 이 질문이다. 그럴 때마다 나는 다음의 이야기를 들려줌으로써 그 질문에 답한다.

어느 날 밤 한 무리의 유목민들이 휴식을 취하고 있는데 갑자기 큰 빛이 그들 모두를 에워쌌다. 유목민들은 어떤 천상의 존재가 그들 앞에 나타난 것을 알았다. 큰 기대를 갖고 그들은 자신들을 위해 특별히 준비된 중요한 천상의 메시지를 기다렸다.

마침내 공중에서 어떤 목소리가 말했다.

"너희는 지금부터 가능한 한 많이 돌을 모으라. 그것들을 너희의 배낭 속에 넣으라. 그런 다음 그것을 짊어지고 하루 동안 걸으라. 내일 밤이 되면 너희들을 그 돌 때문에 기쁘기도 하고 슬프기도 할 것이다."

천상의 존재가 떠나간 뒤 유목민들은 서로 실망과 분노를 감추지 못했다. 그들은 자신들에게 부와 장수를 가져다 주고 세상에 온 목적을 실현시켜 줄 위대한 우주적 진리를 듣게 되기를 기대했었다. 그런데 아무 의미도 없는 힘든 노동이 주어졌을 뿐이었다. 그러나 그 천상의 존재가 보여 준 찬란한 빛에 대한 기억 때문에 그들 각자는 투덜거리면서 마지못해 몇 개 씩 돌을 주워 배낭에 넣었다.

유목민들은 배낭을 지고 하루 동안 걸어간 뒤 밤이 되자 천막을 쳤다. 그리고 배낭에 있는 돌들을 꺼냈다. 놀랍게도 그들이 모은 돌들은 모두 다이아몬드로 변해 있었다. 그들은 다이아몬드를 갖게 되어 무척 기뻤다. 또한 그들은 더 많은 돌을 주워 모으지 못한 것이 너무 슬펐다.

이 이야기의 가치를 증명해 준 실제 사건이 내 교사 경력 초기에 있었다. 알란이라고 부르는 한 학생의 일이었다.

알란은 중학교 2학년일 때부터 전공이 '말썽'이고, 부전공이 '정학'이었다. 약한 애들을 괴롭히는 데는 천재였으며, '도둑질'에도 도가 텄다.

날마다 나는 내 수업을 듣는 학생들에게 위대한 사상가의 말을 한 마디씩 외우게 했다. 출석을 부르면서 내가 인용구의 앞부분을 말하면 이름이 호명된 학생은 그 인용구의 뒷부분을 끝맺어야만 했다.

"앨리스 아담스가 말하기를, 더 이상 시도를 중단하지 않는 한……."

"실패는 존재하지 않는다. 저 여기 있어요, 쉴레터 선생님."

그 결과 한 해가 끝나갈 무렵 우리반 학생들은 150개의 위대한 생각들을 머릿속에 담을 수 있었다.

"할 수 있다고 생각하든 할 수 없다고 생각하든, 어느 쪽이든 너의 생각은 옳다."

"네 눈에 장애물이 보인다면 그것은 네가 목표로부터 시선을 돌렸다는 증거다."

"냉소주의자는 모든 것의 가격을 알면서 그것들의 가치는 아무것도 모르는 사람이다."

물론 나폴레옹 힐의 말도 있었다.

"네가 그것을 생각하고 그것을 믿는다면 넌 그것을 이룰 수 있다."

이 매일의 연습에 대해서 알란만큼 불평을 해댄 학생은 없었다. 퇴학을 당하는 마지막 날까지 그랬다. 그리고 그후 5년 동안 나는 알란의 소식을 들을 수 없었다. 그러던 어느 날 알란이 내게 전화를 걸었다. 그는 지금 이웃 대학에서 진행하는 한 특별 프로그램에 참석 중이며, 얼마 전 감옥에서 가석방됐다는 것이었다.

그는 말하기를, 자신이 저지른 범죄 행위 때문에 소년원에 갇혔다가 결국 섬에 있는 캘리포니아 청소년 수용소에 보내졌는데, 그곳에서 자기 자신에 대해 염증을 느껴 면도날로 손목을 그었다는 것이었다.

그는 말했다.

"쉴레터 선생님, 그런데 생명이 제 몸에서 빠져 나가는 걸 지켜보면서 바닥에 누워 있는데 갑자기 선생님께서 어느 날 저한테 스무 번 쓰라고 시켰던 그 쓸데없는 인용구가 떠오른 거예요. '시도를 멈추지 않는 한 실패란 존재하지 않는다.' 그때 갑자기 그 문장이 저에게 큰 의미로 다가왔어요. 살아오는 동안 저는 줄곧 실패자였어요. 만일 지금 나 자신을 죽게 내버려 둔다면 난 완전히 실패자로 죽는 것이라는 생각이 들더군요. 그래서 저는 남아 있는 힘을 다해 간수에게 도움을 요청했고, 마침내 새 삶을 시작하게 됐습니다."

알란이 학생 시절 그 인용구를 들었을 때는 그것은 하나의 돌멩이에 불과했다. 그가 위기의 순간에 안내자가 필요했을 때 그것은 하나의 다이아몬드였다. 따라서 당신에게 내가 하고 싶은 말은 이것이다. 당신이 할 수 있는 한 모든 돌들을 모으라. 그러면 당신은 미래가 다이아몬드로 가득차리라는 걸 믿어도 좋다.

존 웨인 쉴레터

우린 저능아라구요

교사 생활을 시작한 첫날, 내 수업은 아무 문제 없이 잘 진행되었다. 교사가 된다는 건 편한 일이군, 하고 나는 결론을 내렸다. 그리고 그날의 마지막 수업인 7교시가 되었다.

교실을 향해 걸어가는데 와장창하고 가구 부서지는 소리가 들렸다. 교실문을 열고 들어가는 순간 나는 한 남자아이가 다른 아이를 바닥에 짓누르고 있는 것을 보았다.

바닥에 깔린 아이가 소리쳤다.

"잘 들어, 이 저능아 자식아! 난 네 여동생을 건드리지 않았단 말야!"

위에 올라탄 아이가 주먹질을 하며 위협했다.

"내 동생한테서 손 떼. 내 말 알아듣겠어?"

나는 아이들에게 싸움을 멈출 것을 명령했다. 그 순간 반 전체

학생들의 시선이 일제히 내 작은 체구에 와서 박혔다. 난 내가 그다지 자신감 있어 보이지 않는다는 걸 알았다. 두 아이는 나와 서로를 번갈아 노려보면서 자기 자리로 돌아갔다. 그 순간 한 남자 교사가 복도에서 나타나 교실 안으로 고개를 들이밀더니 내 학생들에게 소리쳤다.

"너희들 입 닥치고 자리에 앉아서 선생님 말씀을 듣지 못하겠어!"

그 결과 나는 그만 무기력한 존재가 되고 말았다. 나는 준비한 수업을 가르치려고 시도했지만, 마지못해 앉아 있는 학생들의 얼굴과 마주칠 뿐이었다. 수업이 끝나고, 나는 싸움을 일으킨 학생을 남게 했다. 그 아이의 이름을 마크라고 하자. 마크는 말했다.

"선생님, 시간 낭비하지 마세요. 우린 저능아들이라구요."

그러면서 마크는 교실 밖으로 걸어나갔다.

기운이 빠져 나는 의자에 털썩 주저앉았다. 그리고 내가 과연 교사가 돼야 하는지 의구심이 일었다. 문제에 대한 해결책이 이런 것들밖에 없을까? 나는 내 자신에게 말했다. 앞으로 일 년만 고생하고 이듬해 여름에 결혼을 하면 보다 보람 있는 다른 일을 하겠다고.

"놈들이 말을 잘 듣던가요?"

수업을 마치고 교무실로 들어가자 아까 고개를 들이밀고 소리쳤던 동료 교사가 물었다. 나는 고개를 끄덕였다.

그가 말했다.

"염려 말아요. 그 녀석들 대부분을 내가 지난 여름 보충수업 때 가르쳤어요. 열네 명밖에 안 되고, 또 그 애들 대부분이 졸업을 못하게 될 거예요. 그러니 그 녀석들 때문에 시간 낭비하지 마세요."

"그게 무슨 뜻이죠?"

"그 애들은 모두 판자촌에 살아요. 다들 이민 노동자, 노름꾼 집안의 아이들이죠. 그 녀석들은 기분이 내켜야 학교에 온답니다. 바닥에 깔렸던 녀석이 완두콩 따러 갔다가 마크의 여동생을 괴롭힌 모양이에요. 점심시간에 내가 가서 단단히 교육을 했어야 하는건데. 아무튼 녀석들을 항상 바쁘게 몰아쳐야 해요. 그리고 입 닥치고 있게 만들어야만 해요. 문제를 일으키는 놈이 있거든 당장 나한테 보내세요."

집에 가기 위해 소지품을 챙기는데 "우린 저능아들이에요." 하고 말할 때의 마크의 얼굴 표정이 지워지지 않았다. 저능아! 그 단어가 내 머릿속에서 덜거덕거렸다. 난 내 자신이 뭔가 단호한 결정을 내려야만 한다는 것을 알았다.

다음 날 오후 나는 그 남자 교사에게 다시는 내 교실에 얼굴을 들이밀지 말 것을 부탁했다. 난 내 자신의 방식대로 학생들을 다룰 필요가 있었다. 교실로 간 나는 학생들 전부를 한 명씩 쳐다보았다. 그런 다음 나는 칠판에다 '스니제' 라고 썼다.

나는 말했다.

"이것이 내 이름이다. 이것이 무슨 뜻인지 알겠나?"

학생들은 내 이름이 괴상하다고 하면서 전에는 그런 이름을 한 번도 들어 본 적이 없다고 말했다. 나는 칠판으로 다시 가서 이번에는 '제니스' 라고 썼다. 학생들 몇 명이 그 단어를 소리내어 읽더니 재미있다는 표정으로 나를 쳐다보았다.

내가 말했다.

"맞다. 내 이름은 제니스야. 나는 학창시절에 글을 배우는 데 문제가 있는, 난독증이라고 불리는 병에 걸린 학생이었다. 학교를 다니기 시작했을 때 난 내 이름조차 똑바로 쓸 수 없었지. 단어들을 발음할 수도 없었고, 숫자들은 내 머릿속에서 헤엄을 쳤다. 난 결국 '저능아' 라는 딱지가 붙었지. 그건 맞는 말이었다. 난 말 그대로 저능아였어. 난 아직도 그 끔찍한 별명이 내 귀에 들리는 듯하고, 아직도 수치심을 느낀다."

누군가 물었다.

"그런데 어떻게 교사가 될 수 있었죠?"

"그것은 내가 그 별명을 증오했기 때문이다. 그리고 난 우둔하지 않았고, 배우는 걸 좋아했기 때문이지. 그것이 우리반에 있는 너희들의 미래의 모습이라고 난 믿는다. 만일 너희들 중에 '저능아' 라는 별명을 좋아하는 학생이 있다면 이 순간부터 그 학생은 우리반 소속이 아니다. 반을 바꿔라. 이 교실 안에는 이제부터 저능아는 한 명도 없다."

나는 계속 말했다.

"난 앞으로 너희들을 쉽게 대하지 않을 것이다. 너희들이 따라잡을 때까지 공부시키고 또 공부시킬 것이다. 너희는 반드시 졸업을 할 것이고, 너희들 중 몇 명은 대학에 들어가기를 난 희망한다. 이건 농담이 아니라 하나의 약속이다. 난 다시는 이 교실에서 저능아라는 단어가 오가는 걸 듣고 싶지 않다. 내 말 알아듣겠나?"

학생들은 좀 더 자세를 똑바로 하고 앉았다.

우리는 열심히 공부했다. 시간이 흐르면서 내가 한 약속의 가능성을 볼 수 있었다. 특히 마크는 매우 총명했다. 어느 날 나는 복도에서 마크가 어떤 학생에게 이렇게 말하는 걸 들었다.

"이 책은 정말 좋은 책이야. 우리 교실에선 애들 책은 이제 읽지 않아."

마크가 들고 있는 책은 〈앵무새 죽이기〉였다.

몇 달이 쏜살같이 흘러갔다. 학생들은 눈부실 정도로 나아졌다. 그러던 어느 날 마크가 말했다.

"하지만 사람들은 아직도 우리를 바보라고 놀려요. 우리가 제대로 영어를 못하니까요."

그것은 내가 기다리던 순간이었다. 이제 우리는 맹렬히 문법 공부를 시작할 수 있었다. 학생들이 그것을 원했기 때문이다.

7월이 빠르게 다가오는 것이 유감이었다. 학생들은 더 많이 배우고 싶어 했다. 학생들 모두는 내가 곧 결혼을 할 것이고 다른 주로 떠나리라는 걸 알고 있었다. 지난 학기에 나한테 배운 학생들은 내가 그 사실을 언급할 때마다 큰 동요를 일으켰다. 나는 학생들이 나를 좋아한다는 것을 알고 기뻤지만, 한편으론 내가 학교를 떠나는 것에 대해 학생들이 화가 나 있을지도 모른다고 생각했다.

마지막 수업날, 학교 건물로 들어가는데 교장이 나를 기다리고 있었다. 그는 엄격한 표정으로 말했다.

"잠깐만 날 따라 오시겠소? 선생의 교실에 문제가 생겼소."

교장은 똑바로 앞을 쳐다보며 복도를 걸어갔다. 이제 와서 또 뭐란 말인가? 나는 가슴이 철렁했다.

놀라 기절할 일이 벌어져 있었다! 교실 각 구석마다 온통 꽃들 천지였다. 학생들의 책상과 캐비닛에도 꽃다발이 가득 올려져 있었고, 내 교탁 위에는 거대한 화환이 놓여 있었다. 어떻게 이렇게 할 수 있었을까? 나는 궁금했다. 학생들 대부분은 너무 가난해서 옷이나 음식 같은 것도 학교의 원조에 의존할 정도였다.

나는 감동의 눈물이 흐르기 시작했다. 학생들도 따라서 울었다.

나중에 나는 학생들이 그것을 어떻게 해냈는지 알았다. 주말마다 꽃가게에서 아르바이트를 하는 마크가 내가 수업을 맡은 다른 반들에서 꽃을 주문하는 걸 보았다. 마크는 그것을 자기 반 급우들에게 말했다. 자존심이 강해서 가난뱅이라는 모욕적인 소리가 듣기 싫었던 마크는 꽃가게 주인에게 가게에 있는 모든 '팔리지 않는' 꽃들을 달라고 부탁했다. 그런 다음 그는 시내의 모든 장의사에게 전화를 걸어 선생님 한 분이 학교를 떠나기 때문에 자기 반에 꽃이 필요하다고 설명했다. 장의사들은 매번 장례식이 끝날 때마다 사용한 꽃들을 모두 모아 마크에게 보내 주었다.

하지만 그것만이 그들이 내게 선물한 전부가 아니었다. 이 년 뒤, 열네 명의 학생들 모두가 졸업을 했고, 그 중 여섯 명은 대학 입학 자격증을 획득했다.

그로부터 28년이 흐른 지금, 나는 처음 교사 생활을 시작한 곳으로부터 얼마 떨어지지 않은 곳에서 또 다른 아이들을 가르치고 있다. 지금의 이 학교는 학문적 전통이 있는 유명한 학교다.

나는 마크가 대학 동창생과 결혼한 소식을 들었으며, 성공적인 사업가가 된 것도 알았다. 그리고 우연히도 3년 전에 마크의 아들이 내가 가르치는 2학년 영어반의 우등생이 되었다.

이따금 나는 교사로서 첫발을 내딛던 그날의 마지막 수업시간을 회상하고는 웃음짓는다. 교사를 그만두고 다른 보람 있는 직장을 찾으려고 생각했다니!

제니스 앤더슨 코놀리

소년단장

몇 주에 걸쳐 대원들은 어버이의 밤 프로그램을 위해 열심히 준비를 했다. 모든 것이 계획대로 잘 진행되었다. 벽에는 장식물들이 붙고, 소년단원들은 잔뜩 들떠 있었다. 테이블에는 맛있는 음식이 가득 차려졌다.

사회자가 매끄럽게 진행을 해나갔다. 초청을 받아 참석한 학부모들은 어버이의 날 행사답게 잘 억제된 차분한 음성으로 노래를 불렀다.

다음은 지미 데이비스의 웅변 순서였다. 지미가 지난 몇 주 동안 고대하던 순간이었다. 일어나 단상으로 걸어가면서 지미는 청중 속에 앉은 엄마와 아버지의 얼굴을 흘낏 쳐다보았다. 엄마의 얼굴은 자랑스러움으로 빛나고 아버지는 겉으로 내색하진 않지만 지미에게 용기를 보내 주고 있었다.

지미는 크고 힘찬 목소리로 웅변의 서두를 장식했다. 그리고 갈수록 더욱 유창하게 목청을 높였다. 청중이 쥐 죽은 듯 조용히 귀를 기울이는 것을 보고 지미는 자신의 실력이 인정받고 있음을 의식했다.

그런데 뭔가 잘못되기 시작했다. 갑자기 세상이 눈앞에서 헤엄을 치는 듯했다. 웅변은 차츰 속도가 느려지고, 더듬거리다가, 마침내 딱 멎었다. 지미는 도무지 그 다음 문장이 생각나지 않았다. 얼굴이 빨개지고, 자신도 모르게 손을 꼬기 시작했다. 지미는 절망에 찬 시선으로 맨 앞줄에 앉은 소년단장을 쳐다보았다.

소년단장은 마치 준비하고 있었던 듯이 지미가 잊어먹은 그 다음 문장을 속삭여 주었다. 지미가 걸작을 만들기 위해 수없이 웅변 연습을 하는 동안 곁에서 들었기 때문에 단장도 그 내용을 익히 알고 있었다. 단장의 도움을 받아 지미는 다시 말을 이어나갔다. 하지만 전과 같지 않았다. 걸작은 이미 손상을 입은 뒤였다.

지미는 또다시 멈췄다. 그리고 소년단장이 지미에게 또다시 속삭여 주었다. 나머지 2분 동안 웅변은 지미가 하는 것이라기보다는 소년단장이 하는 것처럼 여겨질 정도였다.

어쨌거나 지미는 웅변을 끝마쳤다. 자리로 돌아와 앉는 소년의 마음은 자신이 실패했다는 사실을 알고 크게 주눅들어 있었다. 지미의 엄마는 누가 봐도 분통 터지는 표정이었고, 아버지의 얼굴은 창피함으로 일그러져 있었다.

청중은 형식적으로 박수를 보냈다. 그들 역시 소년이 실패했다는 걸 느끼고 있었다. 다들 소년에게 동정하는 마음을 보냈다.

하지만 이때 소년단장이 자리에서 일어섰다. 그의 조용한 눈이 반짝였다. 그가 그다지 큰소리로 말하지 않았기 때문에 모두가 긴장한 채 귀를 기울여야만 했다.

그는 뭐라고 말했는가?

"나는 방금 일어난 일 때문에 여러분들이 생각하고 있는 것보다 훨씬 큰 기쁨을 느낍니다. 여러분들은 방금 불행한 실패로 끝나 버릴지도 모르는 상황에서 영광스런 승리를 거둔 한 소년을 보았습니다.

지미는 얼마든지 웅변을 포기할 기회가 있었습니다. 포기하는 것이 훨씬 더 쉬웠을 것입니다. 2백 명이 넘는 청중 앞에서 웅변을 끝까지 마친다는 것은 내가 아는 한 가장 큰 용기와 배짱을 필요로 하는 일입니다.

앞으로 여러분들은 오늘 지미가 한 것보다 더 나은 웅변을 들을 기회가 있을지도 모릅니다만, 내가 자신 있게 말씀드릴 수 있는 것은 지미가 방금 여러분들에게 보여 준 것만큼 우리 소년단의 정신을 더 잘 나타내 주는 경우는 없으리라는 것입니다. 어려운 상황에서도 포기하지 않고 끝까지 앞으로 나아가는 것이 바로 우리 소년단의 정신입니다."

청중은 일제히 우레와 같은 박수를 쳤다. 지미의 엄마는 몸을 꼿꼿이 세우고 자랑스런 표정을 되찾았다. 소년의 아버지의 얼굴에도 흐뭇한 표정이 떠올랐다. 어버이의 날 행사는 또다시 열기에 휩싸였고, 지미는 목에 뭔가 걸린 듯한 목소리로 옆에 앉은 친구에게 이렇게 속삭였다.

"나도 커서 저런 소년단장이 될 거야."

월터 맥픽
마틴 루 제공

신세대에게 무슨 일이

한 개인을 대할 때 그가 되어야 하고 또 될 수 있는 그런 사람으로 대한다면 그는 결국 그가 되어야 하고 될 수 있는 그런 사람이 될 것이다.

괴테

우리의 아이들은 오늘날 훨씬 더 빠르게 성장하고 있다. 그들은 우리의 도움이 필요하다.

하지만 난 무엇을 할 수 있는가?

내 안의 목소리는 왜 내가 오늘의 신세대들에게 본보기가 되어주지 못하는가 하고 자문하곤 했다. 난 그렇게 할 수 없었다. 난 심리학자도 아니고, 또 정치인처럼 세상에 큰 변화를 가져올 영향력을 가진 것도 분명 아니었다.

나는 엔지니어일 뿐이다. 버지니아 대학에서 전기 공학을 전공했으며, 지금은 휴렛 패커드(미국 최대의 반도체 회사)에서 일하고 있다.

하지만 그 생각이 줄곧 나를 떠나지 않았다.

그래서 마침내 나는 무엇인가 하기로 결심했다. 그날 아침 나는 내가 사는 인근 지역의 한 고등학교에 전화를 걸었다. 나는 교장에게 내 생각을 설명하고, 학생들에게 뭔가 도움이 되는 시간을 갖고 싶다고 말했다. 교장은 무척 환영하면서 당장에 나를 초청했다. 그래서 나는 점심 시간에 그 학교로 가기로 약속했다.

정오에 나는 학교를 향해 차를 운전했다. 많은 생각들이 내 머릿속을 오갔다.

"과연 내가 학생들과 좋은 관계를 맺을 수 있을까? 학생들이 외부인과 대화를 나누려고 할까?"

나는 꽤 여러 해 동안 고등학교 건물에 들어간 적이 없었다. 복도를 걸어가는데 학생들이 와글거리며 돌아다니고 있었다. 대단한 군중이었다. 학생들은 나보다 훨씬 늙어 보였다. 대부분이 자루처럼 생긴 펑퍼짐한 옷들을 바닥에 끌고다녔다.

드디어 나는 103 강의실에 있는 학급으로 들어갔다. 그곳에서 내가 학생들과 인생과 세상에 대한 대화를 나누기로 되어 있었다. 나는 심호흡을 한 다음 문을 열었다. 교실 안에는 32명의 학생들이 잡담을 나누고 있었다. 내가 걸어들어가자 일순간 모든 동작이 정지했다. 모든 시선이 나를 향해 있었다.

"안녕, 내 이름은 말론이다."

"안녕하세요, 말론 씨. 어서오세요."

휴우—. 나도 모르게 안도의 숨이 내쉬어졌다. 학생들이 나를 받아들인 것이다.

한 시간 동안 우리는 재미있는 대화를 나눴다. 이야기의 주제는 인생의 목표를 세우는 법, 학교 교육의 중요성, 폭력 없이 갈등을 해결하는 법 등이었다. 오후 수업 시간을 알리는 종이 울리면서 우리의 대화는 끝을 맺었다. 나는 무척 아쉬웠다. 순식간에 한 시간이 지나 어느덧 직장으로 돌아갈 시간이 된 것이다. 내게는 더없이 즐거운 만남이었다. 나는 신이 나서 직장으로 돌아갔다.

그런 만남이 몇 달 동안 계속되었다. 나는 차츰 그 학교와 더 밀접한 관계를 발전시켜 나갔다. 학생들 대부분이 나와의 대화에 참여했다. 하지만 모든 학생들이 내가 오는 것을 환영한 것은 아니었다.

사실, 폴이라는 학생이 있었다.

나는 결코 폴을 잊을 수 없다. 그는 정말 깡패처럼 생긴 학생이었다. 키가 185센티미터에다 몸무게는 1백 킬로그램에 달했다. 그는 방금 이 학교로 전학을 온 학생이었다. 그가 수차례 소년원을 들락거렸다는 소문이 떠돌았다. 2년 전 그는 학교의 영어 교사와 논쟁을 벌이던 중 교사의 가슴을 칼로 찔러 체포됐다. 모두가 폴이 하는 대로 내버려 두었다. 그는 항상 느지막이 어슬렁거리며 교실에 나타났다. 손에는 책 한 권 들려져 있지 않았다. 폴은 그만큼 학교에 대해 냉소적이었다.

이따금 폴은 점심 시간의 내 대화의 자리에 참석하곤 했다. 하지만 단 한 마디 말도 하지 않았다. 내가 느끼기에 그가 내 시간에 들어오는 유일한 이유는 '애숭이들을 살펴보기 위해서' 인 게 분명했다.

내가 폴을 대화에 끌어들이려고 노력할 때마다 그는 단지 찌를 듯한 눈으로 나를 쳐다볼 뿐이었다. 시선으로 나를 협박하려는 속셈인 듯했다. 그는 어서 빨리 폭발하기를 기다리는 폭탄과도 같았다. 하지만 나는 폴에 대해 포기하고 싶지 않았다. 그가 내 시간에 참석할 때마다 나는 그를 토론에 이끌어들이려고 여러 번 시도했다. 그러나 그는 전혀 흥미를 나타내지 않았다.

어느 날 나도 더 이상 참을 수 없었고, 그 폭탄도 터졌다.

마침 그 시간에 우리는 〈자신이 목표로 하는 삶〉에 대한 토론을 전개해 나가고 있었다. 학생들은 내 지시에 따라 잡지에서 그들의 목표에 해당하는 사진들을 오려 하드보드지에 붙여 왔다. 우리가 20분쯤 대화를 진행했을 때 폴이 걸어들어왔다.

나는 학생들에게 자발적으로 자신의 목표에 대해 발표하라고 부탁했다. 예쁘장한 여학생 줄리가 일어나 자신의 꿈을 나누기 시작했다. 난 줄리가 일어나 준 것이 기뻤다. 처음 줄리를 만났을 때 지나치게 부끄럼을 타는 학생이었기 때문이다.

"전 의과대학에 진학해서 의사가 되고 싶어요."

돌연 교실 뒤편에서 난폭한 웃음이 터져나왔다.

"제발 웃기지 마라. 네가 의사가 된다구? 정신 좀 차려. 넌 아무것도 될 수 없어."

모든 머리가 교실 뒤를 돌아보았다. 폴이었다. 폴이 그렇게 말하면서 웃어대고 있었다.

난 충격을 받았다. 방금 일어난 일을 믿을 수가 없었다. 교실 안은 물을 끼얹은 듯 조용했다. 어떻게 해야 할 것인가? 아드레날린이 내 몸 속에서 마구 흘러나왔다.

나는 엄중하게 꾸짖었다.

"폴, 그렇게 하는 건 옳지 않아. 네가 도대체 뭐길래 다른 사람을 무시하는 거지?"

"여, 선생, 당신이 지금 날 협박하는 거유? 당신이 날 무시하겠다 이거지? 내가 누군지 모르시는구먼. 잘 보라구. 난 O.G.란 말야. 오리지널 갱이란 뜻이지. 나한테 함부로 덤비지 마슈. 큰코 다칠 테니까."

그렇게 말하고서 폴은 문을 향해 걸어나가기 시작했다. 나는 소리쳤다.

"안 돼, 폴. 달아나지 마. 넌 다른 학생을 무시할 아무 권리가 없어. 나도 이젠 참을 만큼 참았다. 넌 여기에 올 필요가 없어.

네가 이 학생들의 일원이 되든지 아니면 나타나지 말든지 둘 중 하나를 선택해라. 우린 지금 이곳에서 하나의 구성원을 이루고 있고, 서로 돕고 있다. 폴, 너도 충분한 가능성을 갖고 있어. 우린 네가 참여하길 원한다. 넌 다른 학생들에게 많은 것을 제공할 수 있어. 난 이 학생들뿐 아니라 너에 대해서도 염려하고 있다. 그래서 내가 여기에 와 있는 거야. 넌 이 구성원의 한 사람이 되고 싶지 않아?"

폴은 어깨 너머로 나를 쳐다보면서 위협적인 시선을 던졌다. 그리고는 손잡이를 열고 밖으로 걸어나가 쾅하고 문을 닫았다.

학급 전체는 이 사건으로 큰 충격을 받았다. 나 역시 마찬가지였다. 만남의 시간이 끝난 뒤 나는 가방을 챙겨 주차장으로 걸어갔다. 차를 세워 둔 곳까지 왔을 때 누군가 나를 불러세웠다.

고개를 돌려보니 놀랍게도 그곳에 폴이 서 있었다. 그는 빠른 걸음걸이로 나를 향해 다가왔다. 두려움이 내 온 몸을 마비시켰다. 빨리 주위의 도움을 요청해야 한다고 생각했지만 일이 너무도 빨리 진행되어 손을 쓸 수가 없었다.

내 앞에 다가온 폴이 말했다.

"스미스 씨, 아까 당신이 나한테 한 말을 기억하십니까?"

"물론이지, 폴."

"당신은 나에 대해 염려한다고 했고, 또 내가 구성원의 일원이 되기를 원한다고 했는데 그게 진심입니까?"

"그야 물론이지, 폴."

그러자 폴이 말했다.

"지금까지 내 인생에서 나를 염려하고 있다고 말한 사람이 아무도 없었어요. 당신이 그 말을 한 첫 번째 사람입니다. 나도 구성원의 일원이 되고 싶어요. 위험을 무릅쓰고 저에게 맞설 만큼 절 염려해 주신 것에 감사드려요. 내일 전체 학생들 앞에서 줄리에게 사과하겠어요."

난 내 귀를 의심하지 않을 수 없었다. 놀라움이 너무 커서 거의 아무 말도 할 수가 없었다.

폴은 돌아서더니 천천히 멀어져갔다. 기쁨의 눈물이 내 얼굴을 타고 흘러내렸다. 나는 진정으로 감동받았다. 그날 나는 결심했다. 우리의 새로운 세대가 자신의 가능성을 실현할 수 있도록 내 인생을 헌신하겠다고.

말론 스미스

눈 위에 쓰여진 암호

그것은 얼어붙을 듯 추운 이월 아침에 일어난 어떤 비극적인 사건과 함께 시작되었다. 나는 밀포드 코너스 스쿨 버스 뒤를 따라 차를 운전하고 있었다. 눈 오는 아침이면 나는 늘 그렇게 스쿨 버스 뒤를 따라 학교에 출근하곤 했다.

버스가 갑자기 오른쪽 깜박이를 켜더니 길가에 있는 호텔 앞에 멈춰섰다. 내가 보기에 스쿨 버스가 호텔에 볼 일이 있을 리 없었다. 나는 예기치 않은 정지를 하게 된 것에 약간 화가 났다. 그때 한 소년이 비틀거리며 버스에서 내리더니 무너지듯 눈길 위에 쓰러졌다. 버스 운전사와 내가 거의 같은 순간에 소년에게로 달려갔다. 소년의 창백하고 텅 빈 얼굴은 주위에 쌓인 눈보다도 더 하얗게 보였다.

운전사가 속삭였다.

"죽었어요."

한순간 나는 아무것도 할 수 없었다. 버스 안에서는 겁먹은 표정의 학생들이 우리를 내려다보고 있었다. 정신을 수습하고 나는 소리쳤다.

"의사를 불러야겠어요! 빨리! 내가 호텔에 가서 전화를 하겠소."

"소용 없습니다. 이 애는 죽었습니다."

운전사가 소년의 정지된 모습을 내려다보며 말했다.

"이 애는 자신이 아프다는 말조차 하지 않았어요. 그냥 내 어깨를 건드리더니 아주 작게 말하는 것이었어요. '저, 미안하지만 전 호텔 앞에서 내려야겠어요.' 그것이 전부였어요. 공손하고 미안해 하는 표정이었지요."

우리가 학교에 도착하자 소문이 복도를 타고 물결처럼 전해졌다. 와글거리던 아침의 소음이 일순간 조용해졌다. 나는 한 떼의 소녀들 곁을 지나갔다. 그들 중 한 아이가 다른 아이에게 속삭이며 물었다.

"누가 죽었다구? 학교 오는 길에 버스에서 내려서 죽은 애가 누구야?"

다른 학생이 대답했다.

"그 애 이름은 몰라. 밀포드 코너스 쪽에서 온 애래."

교무실과 교장실에서도 그것은 마찬가지였다. 교장이 내게 말했다.

"선생께서 그 학생의 부모에게 소식을 전해 주시면 더없이 고맙겠소. 그 아이네 집에는 전화가 없어요. 어쨌든 학교측에서 누군가 아이의 집을 방문해야겠지요. 그동안 내가 선생님의 수업을 대신 맡겠소."

내가 물었다.

"왜 제가 가야만 하죠? 교장 선생님께서 직접 가시는 게 더 낫지 않을까요?"

교장이 솔직하게 말했다.

"나는 그 학생에 대해 아무것도 모릅니다. 그리고 그 아이의 지난 2학년 때의 생활기록부를 들춰 보니 그 학생이 가장 좋아하는 교사로 선생께서 지목되어 있더군요."

눈은 계속 내리고 있었다. 여전히 얼어붙는 날씨였다. 도로 사정이 형편없는 골짜기를 달려 에반스 씨네 집으로 가면서 나는 클리프 에반스에 대해 생각했다. 그 애가 가장 좋아한 교사가 나였다니! 왜였을까? 그 애는 지난 2년 동안 나한테 단 두 마디도 하지 않았다. 나는 그 애를 똑똑히 기억할 수 있었다. 클리프는 내가 가르치는 오후의 문학 수업 시간에 맨 뒷좌석에 앉아 있었다. 언제나 혼자서 교실에 들어와 혼자서 교실을 나갔다.

"클리프 에반스……."

나는 혼자서 중얼거렸다.

"결코 웃지 않는 아이였어. 그 애가 웃는 걸 한 번도 보지 못했지."

목장의 넓직한 부엌은 깨끗하고 따뜻했다. 나는 클리프의 부모에게 내가 갖고 간 소식을 전했다. 내 얘기를 듣더니 에반스 부인은 잠시 의자로 가서 앉았다. 그리고는 말했다.

"그 애는 한 번도 아프다는 내색을 한 적이 없어요."

클리프의 의붓아버지는 콧방귀를 뀌었다.

"그 놈은 내가 이 집에 온 다음부터 아무 말도 하지 않았소."

에반스 부인은 다시 의자에서 일어나 냄비를 스토브 위에 올려 놓더니 앞치마를 두르기 시작했다. 그녀의 남편이 말했다.

"서둘러요. 시내에 나가기 전에 난 아침을 먹어야 하니까. 어쨌든 우린 이제 어떻게도 할 수 없잖아. 녀석이 그토록 벙어리짓만 하지 않았어도 몸이 어디가 아프다는 말을 했을 거라구."

방과 후에 나는 교무실에 혼자 앉아 있었다. 내 앞에는 클리프 에반스에 대한 기록들이 흩어져 있었다. 나는 쓸쓸한 눈으로 그것들을 바라보았다. 이제 나는 그 기록들을 바탕으로 클리프의 죽음에 대해 보고서를 작성해야 했다. 그것은 쉬운 일이 아니었다. 거의 모든 기록이 내가 하려는 일을 비웃고 있었다.

클리프 에반스—백인. 의붓아버지와 다섯 명의 배다른 형제 및

자매들과 살고 있음. 법률적으로 아직 의붓아버지의 호적에 올려진 상태가 아님.

이 불충분한 정보와 D등급이 매겨진 행동발달사항 목록들이 내가 가진 자료의 전부였다.

클리프 에반스는 아침에 조용히 교문을 들어와서 저녁에 조용히 교문을 나갔다. 그것이 전부였다. 그는 어떤 동아리에도 소속된 적이 없었다. 어떤 운동부에도 가입한 적이 없었다. 그리고 한 번도 교무실에 불려온 적이 없었다. 내가 아는 한 그 애는 한 번도 아이들이 하는 놀이와 행동에 참여한 적이 없었다. 그는 아무런 학생도 아니었다.

어떻게 한 소년을 그토록 아무것도 아닌 존재로 만들어 버릴 수 있었을까? 생활기록부의 기록들이 그 대답을 내게 말해 주었다. 초등학교 1학년과 2학년 때의 담임 교사가 적어 놓은 것은 이랬다.

'착하고 부끄럼을 타는 아이. 수줍어하지만 열성적임.'

그러다가 3학년이 되면서 공격이 시작되었다. 어떤 교사는 단호하게 이렇게 적었다.

'클리프는 말이 없다. 비협조적이고, 학습 속도가 느리다.'

다른 과목 교사는 이렇게 적었다.

'둔하고, 재치가 없다. 아이큐가 낮다.'

결국 그들이 옳다는 것이 입증되었다. 중학교 3학년 때 클리프의 아이큐는 83으로 떨어졌다. 하지만 초등학교 3학년 때의 아이큐는 106이었다. 중학교 1학년 때까지 클리프의 아이큐는 100 이하로 내려간 적이 없었다. 수줍고 부끄럼 타는 아이라고 해도 쾌활한 면을 갖고 있다. 단지 그것을 깨는 데 시간이 걸릴 뿐이다.

나는 타자기 앞에 앉아, '교육이 클리프 에반스에게 어떤 짓을 했는가'를 지적하는 분노에 찬 보고서를 쓰기 시작했다. 보고서를 교장의 책상 위에 던져 놓고, 다른 한 장은 그 슬프고 낡은 생활기록부 속에 첨부시켰다.

나는 생활기록부를 집어던진 다음 교무실 문을 꽝 닫고 집으로 향했다. 하지만 조금도 기분이 풀리지 않았다. 한 어린 소년이 계속 내 뒤를 따라오고 있었다. 조그만 얼굴에, 낡은 청바지를 입은 마른 소년이, 오랫동안 의지할 곳을 찾았지만 결국 찾지 못하고 떠나가 버린 큼지막한 눈의 슬픈 소년이 나를 따라왔다.

나는 상상할 수 있었다. 그 애가 얼마나 자주 운동부에서 제외됐는가를. 그리고 얼마나 많은 아이들의 귓속말이 그를 따돌렸는가를. 끝없이 그 아이의 귀에 대고 말하는 그 목소리들을 나는 들을 수 있었다.

"넌 벙어리야. 넌 벙어리야. 넌 아무 존재도 아냐, 클리프 에반스."

어린아이는 남의 말을 그대로 믿는다. 클리프는 의심없이 그 말들을 믿은 것이다. 갑자기 사건의 전말이 내게 분명해졌다. 마침내 클리프 에반스에게 아무것도 남아 있지 않았을 때 그 아이는 눈 쌓인 길 위에 무너져 세상을 떠나 버린 것이다. 의사는 아마도 죽음의 원인을 심장마비로 적을 것이지만, 그렇다고 해서 그것이 내 생각을 바꿔 놓지는 못했다.

작자 미상

잊혀진 손길

　내 남자친구 찰리가 꽝 소리를 내며 문을 닫고 안으로 들어왔다. 그는 곧장 내 냉장고를 향해 걸어가더니 버드와이저 맥주 한 병을 꺼내 들고 식탁 의자에 앉았다. 나는 의아한 눈길로 그를 쳐다보았다.

　찰리는 방금 유령을 보았거나 아니면 자신의 도덕률에 크게 어긋나는 장면을 목격하기라도 한 사람처럼 충격적이고 당혹스런 표정을 짓고 있었다.

　그는 내 앞에 앉아서도 마치 혼자 속엣말을 하는 사람처럼 계속해서 좌우로 머리를 흔들었다. 시선조차 초점이 없었다. 마침내 찰리는 맥주를 한 모금 길게 들이켠 다음, 나와 시선을 맞추었다.

　내가 먼저 입을 열었다.

"무슨 황당한 일을 당한 사람 같군요."

찰리는 내 말을 인정하면서, 나아가 자신이 지금 심한 충격을 받았다고 덧붙였다. 그리고 나서 다음과 같은 이야기를 들려주었다.

찰리는 인근 고등학교의 미술 교사이다. 그는 여러 해 동안 그 학교에 재직했고, 동료 교사들과 학생들로부터 인기가 높아 질투를 살 정도였다. 그날 그는 예고없이 전에 가르쳤던 한 여제자의 방문을 받았다. 졸업한 지 4,5년이 지난 지금 그 여학생은 결혼반지를 낀 가정주부가 되어 갓난아기를 안고 찾아왔다.

찰리는 다시 맥주를 한 모금 마시기 위해 한참 동안 얘기를 중단했다. 그랬군, 하고 나는 생각했다. 교사들에게는 세월이 쏜살같이 흘러가기 마련이다. 그래서 엊그제만 해도 아이였던 제자가 성장한 여인이 되어 나타나면 교사는 세월의 빠름과 함께 새삼 자신의 늙음을 실감하게 된다.

찰리가 말했다.

"아냐, 그런 게 아냐. 도덕성에 충격을 받은 것도 아니고 유령을 본 것도 아냐."

자신을 뒤흔든 것은 부끄러움이라고 그는 설명했다.

그를 찾아온 여제자 안젤라는 5년 전만 해도 그에게 미술 수업을 받던 고등학교 학생이었다. 찰리는 그녀를 조용하고 평범한 소녀로 기억했다. 대부분의 시간을 혼자 보냈지만 수줍음 많고 다정한 미소를 지닌 여학생이었다.

그러나 지금 안젤라는 자신감 넘치는 젊은 여성이자 한 아이의 엄마로 변신해 있었다. 인간 관계에 대해서도 보다 적극적이고 긍정적인 사람으로 발전해 있었다. 그녀가 옛 스승을 찾아온 것은 할 이야기가 있어서였다. 그녀는 예의를 갖추고 스승에게 안부를 묻고 나서 긴 이야기를 시작했다.

"제가 고등학교에 다닐 때 저의 의붓아버지가 저를 성적으로 학대했어요. 저를 때리고 밤이면 저의 침대로 들어왔지요. 정말 공포스러웠어요. 전 너무도 수치스러워 견딜 수가 없었어요. 하지만 아무에게도 그것을 말할 수 없었어요. 아무도 그 사실을 몰랐지요.

고등학교 3학년 때 부모가 주말 여행을 떠나고 처음으로 저 혼자 집에 남게 됐을 때 전 말할 수 없는 고통으로부터 벗어날 계획을 세웠어요.

부모님은 목요일 저녁에 떠났어요. 그래서 전 밤새도록 준비를 했어요. 숙제를 끝낸 다음 엄마에게 긴 편지를 썼고, 저의 소지품을 전부 정리했어요. 그리고 넓은 비닐 테이프를 사다가 한 시간이나 걸려서 차고의 문과 창문을 다 봉해 버렸어요. 전 엄마의 차에 열쇠를 꽂은 다음 제가 아끼는 곰인형을 옆좌석에 앉혀 놓고 나서 방으로 자러 갔어요.

제 계획은 금요일에 다른 날처럼 학교에 가고 평소대로 스쿨 버스를 타고 집에 돌아오는 것이었어요. 그런 다음 부모님이 전화를 걸 때까지 기다렸다가 전화를 끊고 나면 차고로 가서 차의 시동을 걸 예정이었어요. 그렇게 되면 부모님이 돌아오시는 일요일 오후까지 아무도 저를 발견하지 못하리라고 생각했지요. 전 죽을 것이고, 그러면 자유의 몸이 되는 거예요."

안젤라는 금요일 오후 여덟 번째 시간인 미술 수업을 받을 때까지 그 계획을 마음속에 품고 있었다. 당시 미술 교사인 찰리가 수업 중에 그녀 옆으로 다가왔다. 찰리는 안젤라의 미술 숙제를 점검하면서 그녀의 어깨에 다정하게 손을 얹었다. 찰리는 몇 가지 질문을 한 다음 안젤라가 하는 대답에 귀를 기울이고 부드럽게 어깨를 두들겨 주고 나서 교탁으로 돌아갔다.

안젤라는 그날 금요일 오후에 집으로 돌아가 엄마에게 보내는 두 번째의 다른 편지를 썼다. 그녀는 차고의 테이프들을 떼어낸 뒤 곰인형을 나머지 소지품들과 함께 챙겼다. 그리고 나서 자신이 다니는 교회의 목사에게 전화를 걸었다. 목사는 당장에 달려왔다. 그 길로 그녀는 부모의 집을 떠났으며 다시는 돌아가지 않았다. 안젤라는 그 후 새로운 인생을 시작했다. 그녀는 그 모든 감사를 찰리에게 돌렸다.

이야기가 끝나갈 무렵 찰리와 나는 학생들의 몸을 접촉하지 말라고 교사들에게 경고하는 학교 방침에 대해 조용히 토론을 나눴다. 문제가 될 것을 염려해 학생들과의 신체적인 접촉을 금지하는 것이 과연 진정으로 교육적일 수 있는가? 부드러운 손길,

따뜻한 접촉이 한 인간에게 얼마나 큰 위안이 될 수 있는지 우리는 모른단 말인가? 학교뿐 아니라 사무실에서, 병원에서, 슈퍼마켓에서 한 번의 따뜻한 손길이 누군가의 삶에 큰 변화를 가져다 줄 수도 있다는 것을 모르단 말인가?

안젤라는 그 미술 수업 시간에 이런 생각을 하게 되었다. 한 친절한 선생님이 자신에게 다가와 관심을 가져 주고 따뜻한 손을 얹어 주면서 그녀가 하는 말에 귀 기울여 준다면, 세상에는 그녀를 돌봐 줄 또 다른 많은 사람들이 틀림없이 있을 것이라고. 그리고 그녀는 실제로 그런 사람들을 발견할 수 있었다.

찰리는 말을 마치고 나서 두 손으로 자신의 머리를 감쌌다. 그리고 그는 부끄러움으로 괴로워하며 나를 쳐다보았다. 그는 매우 조용히, 그러나 단호하게 말했다.

"낸시, 나를 가장 부끄럽게 만든 것은 내 자신이 그 일을 기억조차 하지 못한다는 거야!"

그럼에도 불구하고 여러 해가 지나서 그 여학생은 그에게로 돌아와 자신의 인생을 구원해 준 것은 그였다고 큰 감사의 말을 전한 것이다.

낸시 무어맨

자주색

모든 아이는 본래 화가다. 문제는 어떻게 하면 나이를 먹어서도 화가로 남아 있는가 하는 것이다.

파블로 피카소

1학년 때 로어 선생님은 내가 그린 자주색 인디언 천막이 사실적이지 않다고 지적했다. 자주색은 천막에는 쓰이지 않는 색깔이라는 것이었다. 자주색은 죽은 사람들에게나 쓰는 색이며, 따라서 내 그림은 다른 아이들 것과 함께 교실 벽에 걸어 줄 수가 없다는 것이었다. 헐렁한 골덴 바지가 슥 슥 스치는 소리를 세면서 난 내 자리로 돌아갔다. 검은색 크레용과 함께 어둔 밤이 내 텐트 위로 내려왔다. 아직 오후도 되지 않았는데.

2학년 때 바르타 선생님은 말씀하셨다.

"아무거나 그리고 싶은 대로 그려라."

무엇을 그리든 자유라는 것이었다. 난 아무것도 그리지 못한 채 백지만 책상 위에 달랑 얹어 놓고 있었다. 선생님이 교실을 한 바퀴 돌아 내 자리까지 왔을 때 나는 심장이 콩 콩 뛰었다. 바르타 선생님은 그 큰 손으로 내 머리를 쓰다듬더니 부드러운 목소리로 말씀하시는 것이었다.

"들판에 온통 하얀 눈이 내렸구나. 정말 멋진 그림이야!"

작자 미상

하디 선생님

인생에는 가끔 신비한 만남이 찾아와서 우리를 인정해 주고 우리가 어떤 사람이 될 수 있는가를 일깨워 준다. 그리하여 우리가 가진 큰 가능성이 비로소 빛을 발하기 시작한다.

루스티 베르쿠스

나는 학습 지진아로서 인생을 시작했다. 나에게는 '난독증' 이라고 불리는 시신경 장애가 있었다. 난독증에 걸린 아이들은 종종 단어들을 빨리 습득하지만, 자신이 다른 사람들과는 다른 방식으로 단어를 배운다는 사실을 이해하지 못한다. 처음에 나는 이 세상을 단어라고 불리우는 다양한 형태들이 가득한 아름다운 장소라고 생각했었다. 그리고 약간 시야를 넓혀 짧은 문장까지 시각적으로 이해할 수 있었다. 그래서 부모님은 내 학습 능력에 대해 매우 낙관적이셨다.

그런데 공포스럽게도, 나는 초등학교 1학년 때 단어들이 글자의 조합이라는 사실을 알았다. 그리고 글자가 단어보다 더 중요하다는 사실을 발견했다. 난독증 환자는 단어를 하나의 형태로 파악할 뿐, 낱개의 글자들이 합쳐진 것임을 이해하지 못한다. 그래서 난독증 환자는 글자를 뒤집어서 쓰거나 거꾸로 쓰곤 한다. 심지어 글자를 쓸 때 다른 아이들이 하는 것과 똑같은 순서로 배열하지도 못한다. 따라서 1학년 담임 선생은 나에게 학습 지진아라는 딱지를 붙였다.

여교사였던 그 담임 선생은 자신의 판단을 생활기록부에 적어 2학년 담임에게 넘겼다. 그래서 내가 일교시 수업에 들어가기도 전에 이미 2학년 담임 선생은 나에 대한 결정적인 편견을 간직하고 있었다.

2학년이 된 나는 수학 문제와 부딪쳤는데 복잡한 계산들의 나열을 이해할 수가 없었다. 또한 계산 과정이 답보다 더 중요하다는 사실을 알았다. 이제 나는 완전히 학교 수업에 대한 두려움에 사로잡혔다. 그 결과 차츰 말을 더듬기 시작했다. 자신 있게 말을 하지도 못하고, 쉬운 숫자 계산도 하지 못할 뿐더러, 글자까지도 엉터리로 나열하니까 한마디로 나는 완전히 구제불능인 아이였다. 나는 수업시간마다 담임 선생의 눈에 띄지 않는 맨 뒷자리에 앉기 시작했다. 혹시라도 지목을 받으면 우물거리면서 "저 자-

자-잘 모-모-모르겠어요."라고 말했다. 그렇게 내 운명은 움직일 수 없는 것이 돼버렸다.

3학년 담임 선생은 나를 만나기도 전에 내가 말을 할 줄도, 글을 쓰거나 읽을 줄도, 또 숫자 계산을 할 줄도 모른다는 사실을 알고 있었다. 따라서 나에 대한 희망이나 낙관론 같은 것은 일찌감치 포기해 버렸다.

나는 수업을 빼먹기 위한 기본 수단으로 꾀병을 부리는 전략을 썼다. 이 전략은 나로 하여금 담임 선생보다 양호교사와 더 많은 시간을 갖게 했다. 나는 결석이나 조퇴를 할 그럴듯한 이유들을 생각해 내느라 시간을 보냈다. 그것이 3학년과 4학년에서 내가 써먹은 주된 방법이었다.

5학년에 올라갈 무렵 나는 이미 지능적인 면에서 거의 죽은 아이나 마찬가지였다. 이때 신께서 내게 위대한 여교사 하디 선생님을 보내 주셨다. 하디 선생님은 걸어서 로키 산맥을 횡단한 경력이 있는, 가장 뛰어난 초등학교 교사로 미국 서부 지역에선 유명한 인물이었다. 키가 180센티미터에 이르는 이 불가사의한 여성이 내 앞에 큰 탑처럼 우뚝 서더니 양 어깨에 팔을 두르며 말하는 것이었다.

"이 아인 학습 지진아가 아녜요. 이 아인 다만 보통 아이들과 좀 다를 뿐이죠."

학습 지진아라는 말에 비하면 보통 아이들과 좀 다를 뿐이라는 말은 얼마나 희망적으로 들리는가! 하디 선생님은 거기서 그치지 않았다. 선생님은 말씀하셨다.

"내가 네 엄마와 얘길 해봤다. 네 엄마가 너에게 단어를 읽어주면 넌 그것을 거의 사진과 같이 기억한다고 하더구나. 넌 다만 단어와 글자들을 순서대로 써 보라고 하면 그것을 잘 못하는 것일 뿐이다. 그리고 소리내어 읽는 데도 문제를 느끼는 듯하다. 따라서 내가 너에게 책읽기를 시킬 때는 하루 전날 미리 네게 말해 주겠다. 넌 기억력이 뛰어나니까 집에 가서 전부 암기해 와라. 그러면 우린 다른 아이들 앞에서 멋지게 연극을 해 보일 수 있을 것이다. 또한, 네 엄마는 네가 어떤 걸 한 번 보면 대단히 깊은 이해력을 갖고 그것에 대해 말할 수 있다고 하더구나. 다만 그것을 한 글자씩 읽거나 그것에 대해 문장을 쓰라고 하면 넌 글자와 단어들 사이를 헤매느라 의미를 잃는 듯하다. 앞으로는 내가 다른 아이들에게 읽기와 쓰기 문제를 내면 넌 그걸 집으로 가져 가서 편안한 마음으로 하거라. 그렇게 하면 심리적인 압박을 덜 받으니까 훨씬 잘 할 수 있을 거야. 그래서 다음 날 내게 가져 오면 된다."

하디 선생님은 또 말씀하셨다.

"난 네가 생각을 표현하는 걸 주저하고 겁 먹는다는 걸 안다. 하지만 한 인간이 갖고 있는 생각은 그것이 어떤 것이든 의미가 있다고 난 믿는다. 난 그것에 대해 깊이 생각했고, 이 방법이 성공할지는 아직 확신이 없지만, 데모스테네스(그리스의 유명한 웅변가)라는 사람에게 큰 효과를 가져다 준 방법이 있다. '데모스테네스'라고 발음해 볼 수 있겠니?"

"데-데-데……."

선생님은 말씀하셨다.

"너도 할 수 있을 거다. 데모스테네스는 혀가 자기 의지대로 움직이지 않는 병에 걸렸었지. 그래서 그는 혀를 뜻대로 움직일 수 있을 때까지 입안에 돌멩이를 물고 다녔다. 마침내 그는 최고의 웅변가가 될 수 있었어. 내가 여기 구슬 몇 개를 가져왔다. 이 구슬은 커서 네가 목구멍 너머로 삼킬 수도 없을 것이다. 내가 깨끗이 씻어 왔다. 이제부터 내가 네 이름을 부르면 넌 먼저 구슬을 입에 넣고 자리에서 일어나 내가 똑똑히 알아들을 있도록 말을 하거라."

하디 선생님이 내게 보여 준 나에 대한 확고한 믿음과 이해심에 자극을 받은 나는 그 제안을 받아들였고, 마침내 내 혀를 다스릴 수 있게 되었으며, 머지않아 자유롭게 내 생각을 말할 수 있게 되었다.

이듬해 나는 6학년에 올라갔다. 너무도 기쁘게, 하디 선생님이 또다시 6학년 담임이 되셨다. 그래서 나는 그분의 지도 아래 만 2년을 보내는 벅찬 기회를 가졌다.

지난 이삼십 년 동안 나는 하디 선생님과 계속 소식을 주고받

앞다. 그런데 몇 해 전 선생님이 말기 암에 걸리셨다는 소식을 들었다. 한 명밖에 없는 당신의 특별한 제자와 1천 마일이나 떨어져서 병상에 누워 계시니 얼마나 외로우실까 하는 생각이 들어 나는 당장에 비행기표를 사들고 그 먼 거리를 달려갔다. 그런 내 생각이 얼마나 순진한 것이었나를 나는 곧 깨달아야 했다.

대충 세어봐도 7백 명 정도가 넘는 선생님의 특별한 제자들이 병실 앞에 줄을 서 있었다. 그 동안 계속해서 선생님과 소식을 주고받고, 선생님의 마지막 가시는 길에 말동무가 되어 주려고 먼 길을 마다하지 않고 달려온 사람들이 그 정도로 많았던 것이다. 이들 7백 여명은 흥미로울 만치 다양한 사람들로 이뤄져 있었다. 미국 상원의원 3명, 주 의회의원 12명, 그리고 기업체와 회사 간부 및 대표들도 헤아릴 수 없이 많았다.

더욱 흥미 있는 사실은 우리들 중 4분의 3이 5학년 때까지 수업 진도를 제대로 따라가지 못해 학습 지진아나 저능아, 무의미한 인간, 운명에 맡겨진 아이로 스스로를 믿고 있었다는 점이다. 우리는 하디 선생님을 만남으로써 우리가 능력이 있고, 중요한 인간이며, 만일 우리 자신이 노력한다면 삶을 변화시킬 수 있는 힘을 가진 뛰어난 사람이라고 스스로를 믿게 되었던 것이다.

H. 스티븐 글렌

선물

테디 스톨라드에게 분명히 '열등생'이라는 등급이 매겨져 있었다. 학교 공부에 대한 무관심, 때묻은 구겨진 옷, 한 번도 빗질하지 않은 머리, 학교에서 가장 무표정한 얼굴, 게다가 표정 없고 공허하고 초점 잡히지 않은 시선 등이 그것을 잘 입증해 주었다. 여교사 톰슨 선생이 테디에게 질문을 하면 테디는 언제나 짤막하게만 답했다. 흥미가 없고, 이렇다 할 학습 동기도 없었으며, 항상 멀게만 느껴졌다. 좋아하기엔 너무도 힘든 아이였다.

톰슨 선생은 입으로는 학생들 모두를 똑같이 사랑한다고 말하곤 했지만, 그 말이 마음속까지 진실인 것은 아니었다. 테디의 시험지를 채점할 때마다 톰슨 선생은 짓궂은 쾌감을 느끼면서 테디의 틀린 답안지에 X표를 해나갔으며, 답안지 위에다가는 멋들어지게 F학점을 써놓곤 했다.

톰슨 선생은 테디에 대해 좀 더 알았어야 했다. 톰슨 선생에게
는 테디의 생활기록부가 있었다. 따라서 테디가 처한 환경을 모
른다고 할 수도 없었다. 생활기록부엔 이렇게 적혀 있었다.

1학년—공부에 대한 가능성이 엿보이고 학습 태도도 좋음. 하지만
　　　가정 환경이 열악함.
2학년—더 잘할 수 있지만, 엄마가 중병에 걸렸음. 가정에서 아무
　　　런 지도를 받고 있지 못함.
3학년—착한 소년이지만 너무 심각한 것이 단점. 학습 속도가 뒤
　　　쳐짐. 올해 어머니가 돌아가셨음.
4학년—배우는 속도는 매우 늦지만 얌전함. 아버지가 아이에게 아
　　　무런 관심을 기울이지 않음.

크리스마스가 되어 남학생과 여학생들은 톰슨 선생에게 크리
스마스 선물을 가져왔다. 학생들은 가져온 선물을 교탁 위에 쌓
아 놓고 빙 둘러서서 선생님이 그것들을 풀어 보는 것을 구경했
다. 선물들 중에는 테디 스톨라드가 가져온 것도 있었다.

톰슨 선생은 테디가 선물을 가져왔다는 사실에 적이 놀랐다.
테디의 선물은 갈색 종이에 스카치 테이프로 아무렇게나 포장돼
있었다. 그리고 종이쪽지엔 간단히 〈테디가 톰슨 선생님께〉라고
적혀 있었다. 톰슨 선생이 테디의 선물을 풀자 번쩍번쩍 빛나는

가짜 다이아몬드 팔찌와 값싼 향수병 하나가 나왔다. 팔찌는 중간에 박힌 보석들이 빠져 달아나고 없었다.

남학생과 여학생들은 테디가 가져온 선물을 보고 킥킥대며 웃기 시작했다. 하지만 톰슨 선생은 최소한의 분별력이 있었기에 즉각 학생들의 웃음을 중지시키고 그 자리서 팔찌를 껴 보고 향수 한 방울을 손목에 묻혔다. 손목을 학생들에게 냄새 맡게 하면서 그녀는 말했다.

"얘들아, 어떠니? 냄새가 참 좋지 않니?"

학생들도 선생님의 의도를 알아채고는 얼른 "야! 정말 좋은 냄새네요!" 하고 맞장구를 쳤다.

그날 마지막 수업이 끝나고 학생들이 모두 가버린 뒤에도 테디는 가지 않고 우물쭈물 남아 있었다. 테디는 톰슨 선생의 교탁으로 다가와 작은 목소리로 말했다.

"저, 톰슨 선생님……선생님한테서 엄마 냄새가 나요…… 엄마가 꼈던 팔찌도 선생님께 잘 어울리구요. 제 선물을 받아 주셔서 정말 기뻐요."

테디가 교실을 나간 뒤 톰슨 선생은 그만 바닥에 무릎을 꿇고 앉아 신에게 자신을 용서해 줄 것을 기도했다.

다음 날 학교 수업이 시작됐을 때 학생들은 새로운 담임을 맞이했다. 톰슨 선생은 이미 이전의 톰슨 선생이 아니었다. 완전히 다른 사람이 된 것이다. 그녀는 더 이상 단순한 교사가 아니었다.

이제 그녀는 신의 대리인이 되었다. 그녀는 제자들에게 아낌없는 사랑과 관심을 쏟아붓기 시작했다. 학생들 모두에게 힘과 용기를 불어넣었으며, 특히 공부가 뒤쳐지는 아이들, 그중에서도 테디 스톨라드에게 뜨거운 관심을 기울였다.

그해가 끝나갈 무렵 테디는 극적인 발전을 했다. 대부분의 학생들을 따라잡았으며, 심지어 다른 학생들을 앞지르기도 했다.

그 후 오랫동안 톰슨 선생은 테디의 소식을 듣지 못했다. 그러던 어느 날 그녀는 엽서 한 장을 받았다.

존경하는 톰슨 선생님께,

누구보다도 먼저 선생님께 알려 드리고 싶었어요. 제가 반에서 차석으로 졸업을 하게 됐답니다.

사랑을 보내며,
테디 스톨라드로부터.

4년 뒤 또 다른 엽서가 날아왔다.

존경하는 톰슨 선생님께,

제가 저희 학교에서 일 등으로 졸업하게 됐습니다. 선생님께 가장 먼저 알려 드리고 싶었어요. 대학 생활이 쉽진 않았지만, 즐거운 날들이었습니다.

사랑을 보내며,
테디 스톨라드로부터.

또다시 4년 뒤에 온 엽서엔 이렇게 적혀 있었다.

톰슨 선생님,
저는 오늘 테오도르 스톨라드 의학박사가 됐습니다. 어떻습니까?
그리고 제가 다음 달 27일에 결혼하게 됐다는 소식을 선생님께 가장
먼저 알립니다. 선생님께서 꼭 오셔서 제 엄마가 살아 계셨다면 앉으
셨을 자리에 대신 앉아 주시기 바랍니다. 이제 저에게 남은 가족이
라곤 선생님밖에 없습니다. 아버지께서 작년에 돌아가셨거든요.

여전히 사랑을 보내며,
테디 스톨라드 올림.

톰슨 선생은 테디의 엄마를 대신해 그 결혼식에 참석했다. 그
녀는 그 자리에 앉을 충분한 자격이 있었다. 테디에게 결코 잊지
못할 일을 해준 사람이었기 때문이다.

작자 미상
버티 시노윅과 척 닷지 제공

가장 가치 있는 진주

훌륭한 교사란 학생의 숨은 재능을 알아채고 그것을 격려하는 사람이다. 왜냐하면 진정한 발견자들이 그들 사이에서 나오기 때문이다. 혜성이 별들 사이에서 날아오는 것처럼.

칼 본 린네(스웨덴의 식물학자)

고등학교 졸업을 일주일 앞둔 어느 날, 요크 선생님께서 우리들 중 스무 명을 부르셨다. 왜 우릴 부르신 걸까? 우린 이유를 알 수 없었다.

자신의 특징인 나비 넥타이와 뿔테 안경을 하시고서 요크 선생님은 우리들 각자에게 작은 상자 하나씩을 건네주셨다.

선생님은 미소를 지으면서 말씀하셨다.

"너희들이 지금 받은 상자 안에는 진주의 씨앗으로 장식된 팔찌나 넥타이 핀이 들어 있을 것이다. 남학생이든 여학생이든, 그 씨앗 진주는 너희들이 가진 가능성을 상징한다. 너희들이 가진 남다른 재산말이다. 한 알의 씨앗 진주를 조개 안에 심으면 머지 않아 아름다운 진주로 자라나듯이, 너희들 각자도 위대한 인물이 될 씨앗을 갖고 있다는 걸 잊지 마라."

은색 팔찌에 매달린 작은 진주알을 바라보면서 나는 눈물을 참느라 입술을 깨물었다. 하루만 일찍 이 선물을 받았어도 얼마나 뜻 있었을까. 어제 내가 임신했다는 사실을 알기 전에 말이다. 임신 소식은 내가 가진 모든 꿈의 종말을 뜻했다. 내 자신의 꿈만이 아니라 엄마가 갖고 있던 꿈까지도.

내가 아주 어렸을 때부터 엄마는 일주일에 이삼 달러씩 저금하는 습관을 기르셨다. 내 여동생 마리안과 나를 대학에 보내기 위해서였다. 엄마는 늘 공부야말로 우리가 탄광촌의 생활로부터 탈출할 수 있는 유일한 방법이라고 말했다. 당시 우리는 펜실베니아의 콜데일('석탄 골짜기'라는 뜻)에서 누추하게 살고 있었다.

내가 세 살 때 아버지는 결핵에 걸려 요양소에 들어가셨다. 몇 해 뒤 아버지가 요양소에서 나온 뒤에도 네거리 식료품 가게에서 벌어오는 엄마의 월급으로 온 가족이 먹고 살아야 했다. 힘들게 사시면서 엄마는 언젠가는 마리안과 내가 이 지긋지긋한 삶을 바꿔 주리라는 꿈을 키우셨다.

그런데 이제 엄마에게 자랑스런 딸이 되기는커녕 가족 전체에게 수치심을 안겨 준 것이다. 우크라니아에서 이주해 온 단결력 강한 우리들 희랍 정교회 공동체에서는 혼전 성교가 큰 스캔들이었다.

우리는 우선 대학부터 졸업하고 싶었지만 내 임신 때문에 댄과 나는 내가 고등학교를 졸업한 직후 결혼을 해야만 했다. 댄이 대학을 졸업할 무렵 두 번째 아이가 태어났다. 늘어나는 가족을 먹여 살리기 위해 댄은 군대에 자원했다. 우리는 기지에서 기지로 이사를 다녔으며, 그 사이에 또 다른 아이가 태어났다. 그러는 동안 내내 나는 그 은색 팔찌를 하고 다니면서 손목에서 대롱거리는 씨앗 진주를 바라보곤 했다. 그리고 가끔 요크 선생님께서 내게서 발견한 '위대함'이 무엇일까 의구심이 들었다. 마침내 나는 그 팔찌를 서랍 속에 던져 버렸다.

7년 뒤 댄은 사회에 나와 콜데일 근처에 직장을 구했다. 이때쯤 우리의 막내아이가 학교에 들어갔고, 나는 자원봉사 단체에서 일하기 시작했다. 쉴 틈 없는 생활이 계속되었다. 나는 생계를 위해 다양한 직업을 가졌다. 가게 점원으로도 일하고, 에어로빅 강사로도 일했다.

언제나 바빴다. 나보다 불행한 사람들을 돕고, 또한 가족의 수입에 보탬이 되야 했다. 그러면서도 나는 가끔 서랍을 열어 그 팔찌를 꺼내 보면서 자책하곤 했다.

"넌 지금 요크 선생님께서 네게서 발견한 그 작은 씨앗을 키워 나가고 있는가? 넌 가능성을 갖고 있어. 그걸 찾아내고, 그걸 실현해야만 해!"

한밤중 모두가 잠들고 난 뒤에도 대학에 가겠다는 오래 전의 그 목표가 나를 잠 못 이루게 했다. 하지만 난 자신의 주제를 알아야만 했다.

"넌 벌써 서른다섯 살이야. 꿈 깨라구!"

내가 겪는 갈등을 엄마가 눈치채신 모양이었다. 하루는 전화 통화를 하던 중에 엄마가 말씀하셨다.

"내가 모아둔 너희들의 대학 등록금을 잊지 않았겠지? 아직도 난 그 돈을 고스란히 갖고 있단다."

난 아무 말도 못하고 수화기만 내려다보고 있어야 했다. 17년이 지났는데도 엄마는 아직 꿈을 버리지 않으셨던 것이다. 요크 선생님께서 '너희들이 가진 남다른 재산'에 대해 말했을 때 난 아무것도 가진 게 없었다. 하지만 이제 난 모든 걸 갖고 있었다. 신에 대한 믿음, 엄마의 꿈, 그리고 남편의 격려.

용기를 갖는 데 다시 여섯 달이 걸렸지만, 마침내 1985년 9월에 나는 쿠츠타운 대학에 재등록했다. 그런데 적성 테스트에서 뜻밖에 교사직이 내 적성에 맞는다는 결과가 나왔다. 나는 그 결과에 적이 회의적이었다. 교사란 요크 선생님처럼 확신을 가진 사람이나 할 수 있는 일이다. 하지만 적성 테스트 결과가 너무도 단정적이었기 때문에 나는 교직 과목을 신청했다.

대학을 다닌다는 것은 내가 두려워했던 것보다 훨씬 힘들었다. 내 나이의 절반밖에 안 되는 학생들과 경쟁해야만 했고, 집안은 꼴이 말이 아니었다. 식구들은 늘 형편없는 음식으로 때워야만 했다.

대학 신입생이던 그해 오월 어느 날, 특히 힘든 수업을 마치고 집으로 차를 몰고 돌아가던 중에 눈물이 앞을 가렸다. 내가 정말로 대학생이랄 수 있는가 하는 회의가 밀려들었다. 자신감을 상실한 사람에게는 포기가 가장 타당한 일처럼 보인다. 이제 큰딸이 가을이면 대학에 입학할 예정이었다. 나는 생각했다.

"가족들까지 고생시키느니, 차라리 캐리의 학비나 버는 것이 옳은 일이야."

그로부터 며칠 뒤 나는 치과에 갔다가 우연히 요크 선생님의 사모님과 마주쳤다. 여러 해만에 처음 뵙는 만남이었다. 나는 사모님께 씨앗 진주에 대한 얘길 하면서, 그것이 나로 하여금 다시 학교를 다니게 만들었음을 밝혔다. 나는 말했다.

"하지만 막상 뛰어들고 보니 너무 힘들어요."

사모님도 동의하셨다.

"나도 충분히 이해해요. 요크 선생님도 서른 살에 대학 공부를 시작하셨거든요."

선생님께서 나와 똑같은 고생을 하셨다는 얘길 들으면서 나는 놀라움을 감추지 못했다. 난 늘 요크 선생님께서 오랜 교사 경력을 가지신 것으로 생각했었는데, 알고 보니 내가 졸업반 때 담임을 맡으신 것이 첫 교사 생활이었던 것이다. 그날 사모님과 마주친 것이 내게는 큰 암시였다. 나는 그것이 나머지 3년을 더 매진하라는 교훈임을 알았다.

대학 졸업 후 나는 고등학교 영어 교사가 되었다. 대학에 들어가기 전에 여러 해를 사회에서 보낸 덕분에 학생들에게 실제 세상을 가르칠 수 있었다. 고전 작품보다 신문기사가 더 자주 내 강의 자료였다. 셰익스피어보다 근처 공장을 방문해 노동자들과 대화하는 것이 더 중요했다.

교사 경력 첫 해가 끝나갈 무렵 교장이 나를 불렀다. 첫 일년 교사직을 한 사람들 중에서 뛰어난 교사들을 선정해 국가에서 주는 상에 나를 후보로 추천하겠다는 것이었다. 추천서에는 내게 영향을 준 스승에 대한 이야기를 적도록 되어 있었다. 그래서 나는 씨앗 진주에 대한 이야기를 적었다.

나는 요크 선생님이 주신 그 씨앗 진주가 조개 속에서 하는 것과 똑같은 일을 내게 했음을 깨달았다. 아름다운 진주가 탄생할 때까지 씨앗 진주는 끊임없이 조개를 자극하고 게으름을 용납하지 않는 것이다.

1990년 9월, 나는 교사 경력 첫 해 근무자 1백 명에게 주는 상을 수상했다. 그리고 우리들 각자에게 영향을 준 스승들도 교사 공로상을 받았다. 물론 요크 선생님을 포함해서.

나는 요크 선생님과 함께 지역 신문에 인터뷰를 하면서 참으로 적절한 시기에 우리가 상을 받았음을 알았다. 요크 선생님은 이 듬해에 정년 퇴직을 하게 되셨던 것이다.

나는 그날 다른 사실을 하나 알았다. 나의 스승이신 요크 선생님께서도 처음에는 자신이 성공하지 못하리라고 생각하셨다는 것이다. 고등학교를 형편없는 성적으로 졸업하면서 그는 자신의 미래에 대한 믿음을 가질 수가 없었다. 스스로 자신을 믿지 못했기 때문이었다. 그런데 무엇이 그를 변화시켰는가?

요크 선생님은 말씀하셨다.

"마음을 새롭게 먹었기 때문이지. 그리고 무엇보다도 다른 사람들이 나에 대해 갖고 있는 믿음을 알고 나서였지."

갑자기 어떤 사실이 깨달아졌다. 나는 요크 선생님께 소리쳤다.

"그것이 바로 우리들이 공통적으로 갖고 있던 것이군요. 선생님께서 그때 씨앗 진주를 선물한 학생들 말예요. 선생님께선 자신감을 잃어버린 우리들 스무 명을 불러 일부러 씨앗 진주를 주신 거군요."

요크 선생님이 말씀하셨다.

"그렇지 않아. 자신감을 잃어버린 스무 명이 아니라, 위대한 어떤 것의 씨앗을 갖고 있는 스무 명이었지."

마르시아 에반스

뿌린 대로 거두기

내가 중학교 다닐 때 2학년 깡패가 내 배에 주먹을 날렸다. 나는 아프기도 하고 화가 났을 뿐 아니라 당혹감과 수치심을 참을 수 없었다. 난 복수심에 불탔다. 그래서 다음 날 갑자기 기습을 해 복수할 계획을 세웠다.

그런데 어떡하다가 내 계획을 할머니에게 말하게 되었다. 큰 실수가 아닐 수 없었다. 할머니는 한 시간이 넘게 설교를 늘어놓으셨다. 설교는 끝없이 지루하게 이어졌는데, 그 중에서 어렴풋이 기억나는 것은, 내가 그 녀석에 대해 전혀 신경 쓸 필요가 없다는 것이었다. 할머니는 말씀하셨다.

"좋은 행동은 좋은 결과를 가져오고, 나쁜 행동은 나쁜 결과를 가져오게 돼 있다."

나는 할머니에게 애써 공손한 말투로, 그것은 그렇지 않다고 말씀드렸다. 나는 지금까지 좋은 일만 해 왔는데 그 보상으로 내가 받은 것은 '개똥!' 밖에 없다고 말씀드렸다.(물론 '개똥'이란 말을 직접 사용하진 않았지만.)

할머니는 주장을 굽히지 않으셨다.

"모든 좋은 행위는 어느 날인가 네게 돌아올 것이고, 네가 하는 모든 나쁜 행위도 어느 날인가 돌아올 것이다."

할머니의 말씀에 담긴 지혜를 이해하는 데 30년이 걸렸다. 할머니는 캘리포니아 라구나 힐즈에 있는 시설 좋은 양로원에서 생활하셨다. 매주 화요일이면 난 할머니를 모시고 저녁을 사드렸다. 할머니는 언제나 단정히 옷을 입으시고서 현관 앞 의자에 앉아 나를 기다리셨다.

나는 할머니가 노인 요양소로 옮겨가시기 전에 마지막으로 함께 저녁을 먹던 때를 생생히 기억한다. 우리는 차를 타고 가족이 운영하는 근처 작은 레스토랑으로 갔다. 나는 할머니를 위해 쇠고기 요리를 시키고, 나 자신은 햄버거를 주문했다. 음식이 도착해 내가 먹기 시작했는데도 할머니는 드시지 않고 가만히 앉아 계셨다. 접시에 놓인 음식을 물끄러미 쳐다보기만 하실 뿐이었다.

내 접시를 치우고 나는 할머니의 접시를 내 앞으로 끌어당겼다. 그리고 고기를 작은 조각으로 잘라 드렸다. 그런 다음 접시를 할머니 앞으로 가져다 놓았다. 할머니는 이제 많이 노쇠하셔서 고기 자를 힘이 없으셨던 것이다. 내가 잘라 드린 고기를 할머니는 천천히 입으로 가져 가셨다. 그것을 보니 문득 옛날 생각이 나서 코끝이 시큰거렸다. 40년 전, 한 어린 소년이 식탁에 앉을 때면 할머니는 언제나 내 접시를 끌어당겨 내가 먹을 수 있도록 음식을 작게 잘라 주셨었다.

이제 40년이 흘렀는데 그 좋은 행동이 보상을 받고 있었다. 할머니의 말씀이 옳았다. 우리는 뿌린 대로 정확히 거두게 되어 있다.

"네가 하는 좋은 행동은 언젠가는 너에게 돌아올 것이다."

그러면 그 중학교 2학년 깡패는 어떻게 됐는가?

일 년 뒤 그는 3학년 깡패가 되었다.

마이크 부에텔

3

진정한 삶을 산 사람들

우리의 삶에 뛰어넘어야 할 아무런 한계가 없다면
우리가 하는 경험들은 결실의 기쁨을 잃어버린다.
어둔 골짜기를 지나가는 고난이 없다면
산 정상에 서는 기쁨도 사라진다.

헬렌 켈러

이것을 생각해 보자

중단을 거부할 때 노력은 그만한 결실을 가져다 준다.

나폴레옹 힐

세상의 주목받는 인물들은 성공하기 전에 반드시 큰 장애물에 부딪쳤음을 역사가 증명해 준다. 그들은 거듭되는 실패에도 용기를 잃지 않았기 때문에 승리자가 될 수 있었다.

B.C. 포브스

이것을 생각해 보자.

*

아카데미 영화상을 수상한 감독이며 연출자이고 작가인 우디 알렌은 뉴욕 주립 대학과 뉴욕 시립 대학의 영화 제작 과목에서 낙제 점수를 받았다. 또 뉴욕 주립 대학의 영어 과목에서도 낙제

점을 받았다.

*

베스트셀러 〈엑소더스〉의 작가 레온 우리스는 고등학교 영어 과목에서 세 차례나 낙제 점수를 받았다.

*

미국 최고의 여자 코미디언 루실 볼은 1927년에 배우 수업을 시작했다. 이때 존 머레이 앤더슨 드라마 학교의 지도 교수는 그녀에게 말했다. "다른 직업을 구해 보시오. 어떤 직업이라도 좋으니 제발 배우가 아닌 다른 직업을."

*

1959년에 유니버설 영화사의 책임자는 클린트 이스트우드와 버트 레이놀즈를 동시에 해고시켰다. 버트 레이놀즈에게는 "당신은 배우가 될 소질이 전혀 보이지 않아"라고 말했고, 클린트 이스트우드에게는 이렇게 말했다. "당신은 앞니가 하나 깨졌고, 목의 울대가 너무 많이 튀어나왔어. 게다가 당신은 너무 말을 천천히 하거든." 모두가 알다시피 버트 레이놀즈와 클린트 이스트우드는 훗날 할리우드 영화 산업의 대스타가 되었다.

*

잉그리드 버그만은 오디션에서 코가 너무 크고 치아가 튀어나왔기 때문에 배우에는 어울리지 않는다고 혹평을 받았다. 그러나 잉그리드 버그만은 "난 내 코가 좋아요" 하고 소리쳤다. 오래지 않아 그녀는 〈누구를 위하여 종은 울리나〉, 〈가스등〉, 〈카사블랑카〉 등에 출연해 세계 영화팬들의 가슴에 지울 수 없는 감동을 남겼다.

*

1944년에 블루 북 모델 에이전시 회사의 책임자 에멀린 스니블리는 모델을 희망하는 노르마 진 베이커(마릴린 먼로)에게 말했다. "당신은 비서일을 찾아 보든지 아니면 일찌감치 결혼을 하는 게 좋겠소."

*

아카데미 여우 주연상에 두 번이나 후보로 오른 리브 울만은 일찍이 노르웨이의 국립 연극 학교 오디션에서 탈락했었다. 시험관은 그녀에게 전혀 배우가 될 가능성이 하나도 엿보이지 않는다고 혹평했다.

*

말콤 포브스는 프린스턴 대학 시절에 학교 신문기자 시험에 응시했지만 보기 좋게 탈락했다. 하지만 그는 훗날 전세계에서 가장 성공한 최고의 경제 잡지 〈포브스〉의 발행인이 되어 이름을 날렸다.

*

1962년에 젊은 음악도 네 명이 긴장한 얼굴로 데카 레코드 회사의 간부들 앞에서 첫 번째 레코딩 오디션을 받았다. 간부들은 아무런 인상도 받지 못했다. 훗날 〈비틀즈〉라고 불리는 영국 록 그룹이 된 이들 젊은이에게 한 간부는 말했다. "우린 자네들의 소리가 맘에 들지 않아. 통키타를 쳐대는 것은 이미 한물 갔거든."

*

데카 레코드 회사의 파울 코헨은 1956년에 버디 홀리를 해고하면서 홀리에게 "내가 여지껏 함께 일한 가장 재능 없는 친구!"라고 혹평했다. 이십 년 뒤 〈롤링 스톤〉지는 척 베리와 함께 버디 홀리를 '60년대 록 뮤직에 가장 많은 영향을 미친 인물'로 평가했다.

*

그랜드 올 오프리의 매니저 짐 데니는 1954년에 단 한 번의 공연을 한 뒤에 곧바로 엘비스 프레슬리를 해고했다. 그는 프레슬리에게 소리쳤다. "자넨 음악적인 미래가 없어. 트럭 운전수로 돌아가라구." 엘비스 프레슬리는 훗날 미국 역사상 가장 사랑받는 대중가수가 되었다.

*

알렉산더 그레이엄 벨이 1876년에 전화기를 발명했을 때 주위에는 그를 후원해 주겠다고 나서는 사람이 없었다. 시범 통화를 해본 뒤 루더포드 헤이즈 대통령은 이렇게 말했다. "놀라운 발명품이오. 하지만 세상에 누가 이런 쓸데없는 물건을 사용하게 되겠소?"

*

토마스 에디슨은 미국 역사상 아마도 가장 위대한 발명가일 것이다. 에디슨이 미시간 주의 포트 휴론 초등학교에 입학했을 때 교사들은 그가 너무 '느려터지고' 다루기 힘들다고 불평을 했다. 그 결과 에디슨의 어머니는 학교를 그만두게 하고 집에서 직접 에디슨을 가르쳤다. 어린 에디슨은 특히 과학에 높은 흥미를 보였다. 불과 열 살에 에디슨은 자신의 첫 번째 화학 실험실을 꾸밀 정도였다. 에디슨의 지칠 줄 모르는 에너지와 천재성(그 자신은 "천재란 1퍼센트의 영감과 99퍼센트의 노력."이라고 말했지만)은 일생 동안 1,300가지의 발명품을 탄생시키기에 이르렀다.

*

전구를 발명할 때 토마스 에디슨은 무려 2천 번의 실험 끝에 성공했다. 한 젊은 기자가 그에게 그토록 수없이 실패했을 때의 기분이 어떠했는가를 묻자 에디슨은 말했다. "실패라니요? 난 한 번도 실패한 적이 없습니다. 난 단지 2천 번의 단계를 거쳐 전구를 발명했을 뿐입니다."

*

1940년에 또 다른 청년 발명가 체스터 칼슨이 자신의 아이디어를 20개 회사에 제출했다. 그 중에는 미국에서 가장 큰 기업체들도 포함돼 있었다. 이 회사들 모두는 칼슨의 아이디어를 되돌려 보냈다. 무려 7년이라는 긴 세월 동안 끝없이 거절당한 끝에 마침내 1947년 칼슨은 뉴욕에 있는 할로이드 컴패니라는 작은 사업체에다 특허권을 팔 수 있었다. 칼슨의 발명품은 다름 아닌 전기 복사기였다. 할로이드 컴패니는 이 발명품으로 복사기 전문회사로 발돋움했고, 칼슨과 회사 모두 돈방석에 앉았다.

*

존 밀턴은 44세에 장님이 되었다. 그로부터 16년 뒤 그는 〈실락원〉이라는 위대한 작품을 썼다.

*

95세가 된 파블로 카잘스에게 젊은 신문기자가 다음과 같은 질문을 던졌다. "카잘스 선생님, 당신은 이제 95세이고 세상에서 가장 위대한 첼리스트로 인정받고 있습니다. 그런데 아직도 하루에 여섯 시간씩 연습하는 이유가 무엇입니까?" 카잘스는 대답했다. "왜냐하면 내 자신의 연주 실력이 아직도 조금씩 향상되고 있기 때문이오."

*

독일 작곡가 루드비히 반 베토벤은 점차로 청력을 상실한 끝에 46세가 되자 완전히 귀머거리가 되었다. 그럼에도 불구하고 그는 생애 후반기에 다섯 개의 교향곡을 포함해 가장 위대한 작곡들을 탄생시켰다.

*

영국 전투기 조종사 더글라스 베이더는 비행기 추락 사고로 두 다리를 잃은 뒤에도 의족을 단 채 영국 공군에 입대했다. 제2차 세계대전 동안 그는 독일군에 세 차례나 포로가 되었으며, 세 차례 모두 탈출에 성공했다.

*

윌마 루돌프는 22명의 자식 중 20번째 아이로 태어났다. 윌마는 조산아로 태어났기 때문에 생존 확률이 거의 없었다. 네살 때 폐렴에 성홍렬이 겹쳐 왼쪽 다리가 마비되었다. 그러나 아홉 살이 됐을 때 윌마는 다리에 차고 있던 금속 보조대를 스스로 떼어내고 목발도 없이 걷기 시작했다. 열세 살 때 윌마는 춤추는 듯한 이상한 걸음걸이긴 하지만 혼자서 걸을 수 있었다. 의사는 기적이라고 말했다. 같은 해에 윌마는 달리기 선수가 되었다. 경주에 참가한 그녀는 꼴찌로 들어왔다. 이후 몇 년간 윌마는 모든 경기에 참가했으며, 언제나 꼴찌를 독차지했다. 그러던 어느 날그녀가 일등으로 들어오는 사건이 벌어졌다. 그리고 또 다른 경기에서도 우승했다. 그 이후 그녀는 참가한 모든 경기마다 선두를 차지했다. 마침내, 다시는 걸을 수 없다던 이 어린 소녀는 올림픽에 참가해 세 개의 금메달을 목에 걸었다.

엄마는 일찍부터 나에게 내가 강렬히 원하기만 하면 무엇이든지 이룰 수 있다는 믿음을 심어 주셨어요. 내가 첫 번째로 강렬히 원하던 것은 금속 보조대 없이 걷는 일이었어요.

윌마 루돌프

∗

프랭클린 D. 루즈벨트는 39세에 소아마비에 걸렸다. 하지만 그는 미국인이 가장 사랑하고 가장 영향력 있는 정치 지도자가 되었다. 그는 네 차례나 미국 대통령에 선출되었다. 그는 말했다. "세상에서 우리가 두려워해야 할 단 한 가지는 바로 두려움 그 자신이다."

∗

역사상 가장 훌륭한 여배우로 많은 사람들로부터 칭송받는 사라 베른하르트는 70세에 불의의 사고로 한쪽 다리를 절단해야만 했다. 그러나 그 후 8년 동안 그녀는 배우 생활을 계속했다.

∗

1백 편이 넘는 서부 소설을 써서 2백만 부 이상이 팔린 성공적인 작가 루이스 라모르는 첫 원고의 출판을 요청했다가 출판사들로부터 무려 350번의 거절을 당했다. 훗날 그는 역사에 기초한 작품으로 국가에 기여한 공로가 인정돼 의회로부터 미국 작가로서는 최초로 특별 메달을 받았다.

∗

1953년에 줄리아 차일드와 두 명의 동료는 〈미국 가정을 위한 프랑스 요리법〉이라는 책을 쓰기로 출판사와 계약을 맺었다. 줄리아와 두 명의 동료는 5년 동안 그 원고에 매달렸다. 그런데 출판사는 850쪽에 달하는 그 원고를 거절했다. 줄리아와 두 명의 동료는 원고를 재수정하는 데 다시 한 해를 바쳤다. 또다시 출판사는 원고를 거부했다. 하지만 줄리아 차일드는 포기하지 않았다. 그녀는 동료들과 함께 재작업을 하는 한편, 1961년에 새로운 출판사를 만났다. 원고 쓰기를 시작한 지 8년만의 일이었다. 그들은 〈프랑스 요리 예술의 대가가 되는 법〉이란 제목의 책을 출판했고, 이 책은 1백만 부가 넘는 판매고를 올렸다. 1966년에 타임 지는 줄리아 차일드를 커버 스토리에 실었다. 줄리아 차일드는 30년이 흐른 오늘날에도 그 분야의 정상을 달리고 있다.

*

전세계인에게 사랑받던 〈슈퍼맨〉의 주연 배우 크리스토퍼 리브는 낙마 사고로 전신마비의 장애자가 되었다. 하지만 그는 절망하지 않고 1년 뒤 영화감독으로 데뷔했다. 휠체어에 온 몸과 머리를 묶은 채 기관지 튜브를 통해 호흡을 하면서 그는 뉴욕 북부 웨체스터 카운티 촬영장에서 배우들에게 지시를 내렸다. 직접 몸으로 시범을 보일 수 없어 일일이 말로 설명해야 할 때 좌절감을 느끼기도 했지만, 그는 스스로를 이렇게 평가했다. "몸짓을 하지 못하니까 오히려 생각이 집중된다. 무슨 말을 해야 할지가 분명해지기 때문에 말이 예전보다 효과적으로 나오게 되었다."

*

더글라스 맥아더 장군은 불굴의 의지가 없었다면 결코 권력과 명성을 얻지 못했을 것이다. 그는 웨스트 포인트 사관학교에 응시했다가 두 번이나 낙방했다. 하지만 포기하지 않고 세 번째 응시해 합격을 했다. 그리하여 그는 역사책 속으로 행진해 나아갔다.

*

웨인 그레츠키는 17세에 이미 뛰어난 운동선수였다. 그는 하키와 축구 중에서 한 가지 운동을 선택해야만 했다. 그는 하키 쪽을 택했다. 그가 프로 하키 팀을 찾아갔을 때 감독이 말했다. "자넨 체중이 80킬로그램밖에 나가지 않아. 너무 가볍지. 하키 선수들의 평균 체중은 100킬로그램이 넘어야 하네. 자넨 여기서 살아남을 수 없어." 그러나 그레츠키는 말했다. "난 하키 퍽(하키에서 공처럼 사용하는 작은 원반)이 가는 곳이면 어디든지 가겠어요." 오늘날 웨인 그레츠키는 수백만 달러의 계약금에 백만 달러 이상의 연봉을 받는 세계 최고의 하키 선수가 되었으며, 일곱 차례나 MVP에 뽑혔다.

*

실베스타 스탤론은 정신적으로 외롭고 불안정한 어린 시절을 보냈다. 그는 여러 학교를 전전했으며, 드렉셀 대학의 시험에선 엘리베이터 수리공이 적격이라는 판정을 받았다. 아버지는 그를 끝없이 두들겨 패면서 머리가 나쁜 쓸모없는 놈이니 몸이나 단련하라고 소리쳤다(이것은 영화 〈로키〉에 나오는 대사이기도 하다.)

결국 배우가 됐지만 실패의 연속이었다. 하지만 그는 계속 배워 나갔다. 잡지와의 인터뷰에서 스탤론은 말했다. "만일 내가 초기에 배우로서 성공했다면 난 글을 쓰겠다는 생각을 하지 않았을 것이다. 난 차츰 배역보다 글쓰기에 더 흥미를 가졌다. 성공이란 항상 실패를 어떻게 다루는가에 달려 있다. 난 실패했지만 그것을 할리우드의 중심 무대에 뛰어드는 계기로 삼았다." 어느 날 밤 스 탤론은 무하마드 알리가 척 웨프너와 싸우는 경기를 시청하던 중 관중들의 함성과 패자의 멀어져가는 뒷모습을 보고 큰 영감을 받 았다. 그는 불과 3일 반 만에 영화 〈로키〉 대본을 썼다. 그리고 제 작자들을 찾아가 자신에게 주연을 맡기는 조건으로 대본을 팔겠 다고 말했다. 물론 처음엔 대부분의 제작자들이 거절했다. 그 다 음은 세상이 아는 그대로다. 〈로키〉는 1억 달러 이상의 수입을 올 렸다. 오늘날 실베스타 스탤론은 2천만 달러 이상의 계약금에 수 익금의 일부를 배당받는 유명 배우로 자리잡았다.

*

에이브러햄 링컨은 블랙호크 전쟁 때 장교로 복무했다. 전쟁이 끝날 무렵 그는 사병으로 강등되어 있었다. 하지만 얼마 후 그는 미국 대통령으로 선출되었다.

*

대니 드 비토는 키가 150센티미터에도 미치지 못했다. 아무도 그가 훗날 텔레비전 스타, 영화 배우, 감독으로 대성공을 거두리

라고는 기대하지 않았다. 그는 두려움이 자신을 이기도록 내버려
두지 않고, 그 자신이 두려움을 이겨냈다.

*

1952년에 에드먼드 힐러리는 세계 최고봉인 8천 848백 미터 높
이의 에베레스트 정복에 도전했다. 도전에 실패하고 나서 얼마
뒤 그는 영국의 어떤 모임에서 강연 요청을 받았다. 연단 앞으로
걸어나온 힐러리는 주먹을 들어 벽에 걸린 에베레스트 사진을 향
해 큰소리로 외쳤다. "에베레스트여, 처음엔 네가 날 이겼다. 하
지만 다음번에는 내가 널 이기겠다. 왜냐하면 넌 이미 성장을 멈
췄지만 난 계속해서 성장하고 있기 때문이다!" 불과 한 해 뒤인 5
월 29일에 에드먼드 힐러리는 에베레스트 최초 등반자로 역사 속
에 기록되었다.

잭 캔필드

39년-너무도 짧은, 하지만 충분히 긴 시간

아, 모든 비극 중에서 최악의 비극은 젊어서 죽는 것이 아니다. 일흔다섯 살까지 살지만 한 번도 진정으로 살지 않는 것, 그것이 가장 큰 비극이다.

마틴 루터 킹 2세

1929년부터 1968년까지는 단지 39년의 짧은 세월에 불과하다.
자신이 한 일의 결실을 거두기에는 너무도 짧은 시간
동생이 사고로 죽은 뒤 부모를 위로하기엔 너무도 짧은 시간
어머니가 세상을 떠난 뒤 아버지를 위로하기엔 너무도 짧은 시간
자식들이 학교 공부를 마치는 걸 지켜볼 수도 없는 너무도 짧은 시간

손자를 얻기에도 그것은 너무 짧은 시간

이 모든 것을 하기엔 39년의 세월은 너무도 짧다.

1929년부터 1968년까지는 단지 39년의 짧은 세월에 불과하다.

하지만 억압의 사슬과 수갑이 채워져 불구의 몸이 되는 걸 견디기에는 너무도 긴 시간

인종 차별의 시련을 참고 견디기에도 너무 긴 시간

하루에 마흔 번씩이나 전화 협박에 시달리기에도 그것은 너무 긴 시간

끊임없는 압력에 고통받기에도 그것은 너무 긴 시간

이 모든 일들을 겪기엔 39년의 세월은 정말 너무 길다.

1929년부터 1968년까지는 단지 39년의 짧은 세월에 불과하다.

하지만 그것은 충분히 긴 시간

분노한 군중 속에서 냉정을 유지하는 법을 배우기 위해 인도의 위대한 스승을 만나러 가기에는 결코 짧지 않은 시간

나와 내 형제들에게 정의가 왜곡되고 있음을 밝혔다고 해서 경찰견에 쫓기고 소방 호수의 물줄기를 받기에는 결코 짧지 않은 시간

착취당하는 이들을 위해 항의하다가 여러 날을 감옥에서 보내기에는 결코 짧지 않은 시간

폭탄이 집 안으로 날아들어오는 걸 견디기에도 그것은 결코 짧

지 않은 시간

성난 청년들을 진정시키고 폭탄을 던진 자를 위해 기도하기에
도 그것은 결코 짧지 않은 시간

많은 이들을 그리스도의 사랑 안으로 인도하기에도 그것은 충
분히 긴 시간이다.

불의가 판치는 곳에서 평화롭게 살기보다는 정의를 위해 싸우
다가 죽는 편이 더 낫다는 사실을 깨닫기에도 충분히 긴 시간

편견과 미움도 나쁘지만 날마다 침묵 속에 불의를 지켜보며 앉
아 있는 것이 더 나쁘다는 사실을 알기에도 충분히 긴 시간

불의의 세력들이 머지않아 모든 종족, 모든 종교의 사람들을
감옥에 가두리라는 걸 깨닫기에도 그것은 충분히 긴 시간

시민의 권리를 위해 시민 불복종 운동을 전개하는 것이 결코
미합중국 헌법을 위반하는 일이 아니며, 오히려 헌법이 보장한
모든 인간의 평등성을 회복하는 길이고, 오히려 미합중국 헌법을
위반한 다른 법들을 깨부수는 일임을 깨닫기에도 그것은 충분히
긴 시간

그것은 충분히 긴 시간

나라의 지도자들로부터 연설 요청을 수락하기에도 그것은 충
분히 긴 시간

수만 명의 사람들을 앞에 놓고 수백 번도 넘게 연설하기에도

충분히 긴 시간

　모든 시민은 생명과 자유와 행복을 추구할 권리가 있음을 주장하기 위해 20만 명을 이끌고 미국의 수도로 행진하기에도 그것은 충분히 긴 시간

　15세에 대학에 들어가기에는 그것은 결코 짧지 않은 시간

　여러 개의 학위를 받기에도

　수백 종류의 상을 받기에도

　결혼을 해서 네 아이의 아버지가 되기에도 그것은 결코 짧지 않은 시간

　평화의 지도자가 되기에도

　노벨 평화상을 수상하기에도

　5만 4천 달러의 상금을 정의를 위해 쓰기에도 결코 짧지 않은 시간

　산 정상에 올라가기에도 결코 짧지 않은 시간

　그리고 꿈을 갖기에도 그것은 결코 짧지 않은 시간

　마틴 루터 킹 목사가 39년의 인생을 어떻게 살았는가를 주목한다면 39년의 세월이 결코 짧지 않은 시간임을 깨달을 것이다. 나라와 민중을 너무도 사랑한 나머지 모든 인간이 한 형제가 되어 한 테이블에 앉을 수 있을 때까지 자신의 삶을 희생시킬 줄 아는 사람에게는 그것은 결코 짧은 시간이 아니다. 또한 누구든지 날

마다 죽음과 고의적으로 장난치는 사람에게는 그것은 충분히 긴 시간이다. 왜냐하면 자신을 번민과 슬픔에 내던지는 사람은 내일의 형제를 두 걸음 후퇴시키는 일이기 때문이다.

마틴 루터 킹 목사는 39년의 세월에 수세기의 삶을 살았다. 그에 대한 기억은 영원히 남을 것이다.

우리 모두가 그렇게 살 수 있다면 얼마나 좋을까.

다른 사람들과 마찬가지로 마틴 역시 오래 살고 싶었을 것이다. 하지만 그는 그 문제에 대해 질문받았을 때 이렇게 말했다.

"중요한 것은 인간이 얼마나 오래 사는가가 아니라 자신에게 주어진 시간을 얼마나 잘 쓰는가 하는 것이다."

그래서 우리 모두는 불의가 지배하는 혼란기에 39년이라는 너무도 짧은, 아니, 충분히 긴 생애를 보낸 한 인간을 기억하고 존경하는 것이다.

"왜냐하면 마침내 그는 자유에 이르렀기 때문이다."

윌리아 페리어

문제투성이

삶에서 아무 문제도 갖고 있지 않은 사람은 이미 경기에서 제외된
사람이다.

엘버트 허버드

1993년 크리스마스 이브에 영원한 베스트셀러 〈적극적인 사고
의 힘〉의 저자 노만 빈센트 필은 95세의 일기로 세상을 떠났다.
그는 사랑과 평화, 그리고 주위 사람들의 따뜻한 보살핌에 둘러
싸여 집에서 임종을 맞이했다. 노만 빈센트 필은 그런 대우를 받
을 만한 충분한 자격이 있었다. 그가 벌인 적극적인 사고 갖기
운동은 여러 세대에 걸쳐 수많은 사람들에게 마음의 평화와 자
신감을 심어 주었다. 그의 강연, 연설, 라디오 방송, 책을 접한
사람들은 우리가 처한 환경이 곧 우리의 책임이라는 사실을 깨

달았다. 신이 결코 쓰레기를 만들지 않는다는 것을 느낀 다음부터 노만은 우리에게 아침에 눈을 뜰 때마다 두 가지 선택이 존재함을 상기시켰다. 우리 자신에 대해 좋은 기분을 갖든지 아니면 자신을 불행하게 느끼든지.

난 아직도 노만이 분명하게 외치는 소리를 들을 수 있다.

"왜 당신은 자신을 불행하게 느끼는 쪽을 선택하는가?"

나는 노만을 1986년 7월에 처음 만났다. 내 책을 펴내는 출판사가 나와 노만에게 공동으로 책 한 권을 집필해 줄 것을 요청한 것이 인연이었다. 첫 만남 이후 노만은 내 삶에 큰 영향을 미쳤다. 그는 긍정적인 생각을 가진 사람은 문제를 두려워하지 않기 때문에 언제나 긍정적인 결과를 얻는다고 말하곤 했다. 실제로 문제를 부정적인 것으로 여겨 가능한 한 빨리 제거하려고 노력하기보다는 노만은 문제를 살아 있음의 증거로 여겼다. 그 관점을 설명하기 위해 여기 그가 들려준 일화 하나를 소개한다. 이 얘기를 나는 글에서 자주 인용해 왔다.

어느 날 나는 거리를 걷다가 내 친구 조지가 걸어오는 것을 발견했다. 고뇌에 찬 표정으로 미뤄 볼 때 그가 그다지 인간 존재의 환희와 풍요로움을 느끼고 있지 않다는 것이 분명했다. 좀 더 직설적으로 말하면 조지는 기분이 아주 밑바닥이었다.

자연히 나는 그에게 물었다.

"조지, 잘 지내는가?"

흔히 오가는 인사인데도 조지는 아주 심각하게 날 쳐다보더니 자신이 지금 얼마나 고통스러운가를 15분에 걸쳐 설명했다. 그의 얘기를 듣고 있자니 나까지 마음이 무거워졌다.

마침내 나는 그에게 말했다.

"조지, 자네가 절망에 빠져 있는 걸 보니 나도 유감이군. 어떡하다가 그런 지경까지 됐나?"

그가 말했다.

"내가 가진 문제들 때문이지. 자고 나면 온통 문제투성이거든. 난 내 문제들에 지쳤어. 만일 자네가 내 문제들을 모두 제거해 준다면 그 대가로 5천 달러를 주겠네."

난 그런 제안에 등을 돌리는 사람이 결코 아니기 때문에 잠시 생각에 잠겼다. 문득 좋은 해결책이 떠올랐다. 나는 그에게 말했다.

"어제 내가 어떤 장소에 갔더니 수천 명의 사람들이 그곳에 살고 있더군. 그런데 내가 보기에 그들은 아무 문제도 없이 평화롭게 살아가고 있었어. 자네도 그곳에 가 보겠나?"

조지가 당장 말했다.

"언제 갈 수 있지? 그곳이야말로 나 같은 사람이 가서 살기에 어울리는 곳처럼 들리는군."

내가 말했다.

"그렇다면 내일 아침 자네를 그곳으로 안내하겠네. 그곳은 다름 아니라 우드론 공동묘지일세. 내가 아는 한 아무 문제 없이 살아가는 사람은 죽은 사람들뿐이거든."

나는 이 일화를 매우 좋아한다. 그것은 우리의 삶에 올바른 시각을 심어 준다. 나는 노만이 다음과 같이 말하는 것을 수없이 들었다.

"당신이 만일 아무 문제도 갖고 있지 않다면 조심하고 경계해야 한다. 그것은 당신이 무덤으로 향하고 있다는 증거이니까. 당신은 모르지만 이미 무덤을 향해 다가가고 있는 것이다. 만일 정말로 당신 삶에 아무런 문제가 없다면 당신이 지금 어디에 있든 당장 차에 시동을 걸고 집으로 달려가라. 그리고 문을 닫고 침대 옆에 무릎을 꿇고 앉아 신께 기도를 올려라. '왜 그러십니까, 주님? 절 더 이상 신뢰하지 않으시는 겁니까? 저에게 어서 몇 가지 문제를 내려 주십시오.' 하고 말이다."

켄 블랜차드

천사는 결코 인사를 하지 않는다

할머니가 내게 천사에 대한 얘길 해준 적이 있다. 할머니는 천사들이 우리에게 메시지를 전하기 위해 우리의 마음 문을 두드리곤 한다고 말씀하셨다. 나는 그 얘기를 들으면서 천사들이 두 날개 사이에 우편 행랑을 짊어지고 머리엔 멋진 우편 배달부 모자를 쓰고 문 앞에 서 있는 것을 그려보곤 했다. 천사들이 배달하는 편지에는 〈천국 속달〉이라는 도장이 찍혀 있을지도 모른다는 상상도 들었다.

할머니는 설명하셨다.

"천사가 너의 문을 열기를 기다려선 안 된다. 너의 마음 문에는 손잡이가 안쪽에만 달려 있기 때문이다. 문 바깥 쪽엔 손잡이가 없지. 네가 있는 쪽에서만 문을 열 수 있는 거야. 그러니 넌 천사가 문을 두드리는 걸 잘 듣고 있다가 네 쪽에서 손잡이를 돌려 문을 열어야 한다."

나는 할머니의 얘기가 재미있어서 자꾸만 묻곤 했다.

"그럼 그 다음에 천사가 하는 일이 뭐예요?"

"천사는 결코 인사를 하지 않아. 네가 나가서 그 메시지를 받아야 하지. 그런 다음 천사는 네게 '일어나 앞으로 나아가라.' 하고 말할 것이다. 그리고는 하늘로 날아가 버리지. 그것을 행동으로 옮기는 건 네 책임이다."

언론과 인터뷰를 할 때 나는 곧잘 질문을 받는다. 대학 졸업장도 없이 맨손으로 사업을 시작한 사람이 두 아이까지 낡은 유모차에 태우고 다니면서 어떻게 그토록 국제적인 사업체를 여러 개나 세울 수 있었느냐는 것이다.

첫째, 나는 인터뷰하는 기자에게 내 자신이 일주일에 적어도 여섯 권의 책을 읽는다고 말해 준다. 글을 깨치면서부터 나는 줄곧 그렇게 해 왔다. 책들 속에서 위대한 일을 해낸 사람들의 목소리를 만날 수 있기 때문이다.

그 다음으로, 천사가 문을 두드리는 소리를 들을 때마다 문을 활짝 연다고 나는 설명한다. 천사가 건네주는 메시지는 새로운 사업 구상, 내가 써야 할 책들, 내 개인적인 삶과 사업상의 문제들을 훌륭하게 해결하는 법 등에 관한 것이다. 마치 아이디어로 가득한 강물이 흘러오듯 그 메시지들이 쉼없이 내게 전해져 오는 것이다.

하지만 천사의 방문이 중단된 적이 한 번 있었다. 내 딸 릴리가 사고로 크게 다쳤을 때의 일이었다. 릴리는 그때 우리 집 말들에게 먹일 건초더미를 옮기기 위해 아버지가 세낸 지게차에 재미삼아 올라타고 있었다. 아버지가 렌트 사업소로 지게차를 되돌려 주려고 가는데 릴리와 이웃집 아이 두 명이 태워달라고 애원을 했던 것이다.

작은 언덕을 내려가는데 갑자기 기어 고장이 발생했다. 릴리의 아버지는 재빨리 리프트를 땅바닥에 박아 지게차를 정지시키려고 시도했다. 그 바람에 지게차가 그만 도로 옆으로 뒤집혀 버렸다. 이 사고로 이웃집 딸아이는 팔이 부러지고, 릴리의 아버지는 의식을 잃은 채 바닥에 떨어졌다. 릴리는 지게차 밑에 깔렸다. 차의 앞부분이 릴리의 왼손을 으스러뜨려 버렸다. 그리고 휘발유가 릴리의 허벅지로 쏟아졌다. 휘발유는 불을 붙이지 않아도 화상을 입힌다. 이웃집 사내아이는 다행히 다치지 않아 얼른 지나가는 차들을 세웠다.

우리는 황급히 릴리를 태우고 정형외과로 달려갔다. 여러 차례의 대수술이 이어졌다. 수술할 때마다 조금씩 손을 절단해야만 했다. 의사들은 사람의 팔다리는 끊어지면 때로는 다시 이어 붙일 수 있지만 완전히 으스러졌을 때는 그것이 불가능하다고 설명했다.

릴리는 그때 막 피아노 레슨을 시작한 직후였다. 또한 난 작가

이기 때문에 릴리에게 이듬해에는 타자 치는 법을 배우게 할 생각이었다.

이 시기에 나는 종종 혼자 차를 몰고 나가서 핸들에 고개를 파묻고 울음을 터뜨리곤 했다. 다른 사람에게 우는 모습을 보이지 않기 위해서였다. 책을 읽을 집중력조차 없었다. 어떤 천사도 문을 두드리지 않았다. 내 가슴에는 무거운 침묵만이 감돌았다. 이 끔찍한 사고로 인해 릴리가 다시는 인생에서 하지 못하게 될 일들이 계속 내 생각을 괴롭혔다.

여덟 번째 절단 수술을 받기 위해 릴리를 병원으로 데려갔을 때 내 영혼은 바닥을 헤매고 있었다. 난 줄곧 생각했다.

"릴리는 결코 타자를 칠 수 없을 거야! 결코 타자를 칠 수 없을 거야. 결코 칠 수 없을 거야."

릴리의 소지품 가방을 병실에 내려놨을 때였다. 갑자기 옆 침상에 있던 십대 소녀가 거의 명령하는 듯한 말투로 우리에게 말하는 것이었다.

"당신들을 기다리고 있었어요! 지금 당장 저 복도 끝 왼쪽 세 번째 병실로 가세요! 거기에 오토바이 사고를 당해서 실려온 남자애가 있을 거예요. 그리로 가서 그 아이에게 용기를 불어넣어 주고 오세요. 어서요!"

소녀의 목소리는 마치 전쟁터에 나선 최고 사령관 같았다. 우린 그녀의 지시에 복종할 수밖에 없었다. 소녀가 말한 병실로 가

사고를 당한 소년을 격려하고 나서 우리는 다시 릴리의 병실로 돌아왔다.

그때서야 나는 이 평범치 않은 소녀가 몸이 약간 기울어져 있음을 눈치챘다.

내가 물었다.

"넌 누구니?"

소녀가 씩 웃으며 말했다.

"전 토니 다니엘이에요. 장애인 고등학교에 다니고 있어요. 이번에 의사 선생님께서 내 키를 2센티미터나 키워 주기로 했어요. 전 소아마비이거든요. 지금까지 여러 차례 수술을 받았어요."

그녀는 슈워츠코프 장군(걸프전을 승리로 이끈 현지 주둔 미군 사령관이자 다국적군 총사령관)과 같은 카리스마와 힘을 갖고 있었다. 나도 모르게 입에서 이런 말이 튀어나왔다.

"하지만 넌 장애인이 아니야!"

소녀가 나를 쳐다보며 말했다.

"맞아요. 아주머니 말이 옳아요. 우리 학교에선 우리가 누군가를 도울 수 있는 한 우리는 결코 장애인이 아니라고 가르쳤어요. 다른 아이들에게 타자 치는 법을 가르치는 내 학교 친구를 보면 누구라도 그 애를 장애인이라고 생각할 거예요. 팔과 다리가 없으니까요. 하지만 그 애는 입에 막대기를 꽂고서 우리에게 타자 치는 법을 가르치죠."

쾅, 쾅! 갑자기 난 문 두드리는 소리를 들었다. 천사가 내 마음 문 앞에 와서 문을 발로 걷어차고 있었다.

난 당장 병원 복도로 달려나가 공중전화를 찾았다. IBM 회사에 전화를 건 나는 회사 책임자를 바꿔 줄 것을 부탁했다. 나는 그에게 내 어린 딸이 최근에 왼손을 거의 잃었는데 혹시 한 손으로 치는 타자기가 있느냐고 물었다.

그는 대답했다.

"물론이죠. 우리에게 있습니다. 오른손만을 위한 타자기, 왼손만을 위한 타자기, 발을 사용해 페달을 밟아서 치는 타자기, 입으로 막대기를 물고 치는 타자기도 있습니다. 타자기는 무료입니다. 어디로 보내 드릴까요?"

드디어 릴리가 다시 학교를 다니기 시작할 무렵, 나는 한 손으로 치는 타자기를 입수했다. 릴리의 손과 팔에는 아직 큰 붕대가 감겨져 있었다. 난 학교 교장에게 릴리가 아직 어리긴 하지만 체육 수업 대신에 타자 수업을 받을 수 있는가를 물었다. 교장은 그런 전례가 없고, 또 타자 교사가 이중으로 수고를 해야 하긴 하지만 직접 가서 부탁을 해보라고 말했다.

타자반 교실에 들어섰을 때 나는 방 전체에 플로렌스 나이팅게일, 벤자민 프랭클린, 랄프 왈도 에머슨, 윈스턴 처칠 같은 위대한 인물들이 한 말이 벽마다 걸려 있는 것을 눈치챘다. 나는 제대로 찾아왔다는 생각이 들어 안도의 숨을 내쉬었다. 교사는 자기가 한 손으로 타자 치는 법을 가르쳐 본 적이 없긴 하지만 매일 점심시간에 릴리를 지도해 보겠다고 약속했다. 그러면서 그는 말했다.

"덕분에 저 역시 한 손으로 타자 치는 법을 함께 배우게 되겠군요."

오래지 않아 릴리는 영어 과목 숙제를 모두 타자로 칠 수 있게 되었다. 그해에 릴리의 영어 교사는 소아마비 환자였다. 오른쪽 팔이 무기력하게 어깨에 매달려 있었다. 그는 릴리를 꾸짖었다.

"네 엄마가 널 아기 취급하는구나, 릴리. 넌 성한 오른손을 갖고 있다. 그러니 숙제는 엄마를 시키지 말고 네가 직접 해야지."

릴리는 웃으면서 영어 선생님에게 말했다.

"그렇지 않아요, 선생님. 전 한 손만으로 1분에 50단어를 타이핑할 수 있어요. 전 IBM에서 만든 한 손 타자기를 갖고 있거든요."

영어 교사가 갑자기 풀썩 주저앉았다. 그는 천천히 말했다.

"타자를 치는 것이 언제나 내 소망이었단다."

릴리가 말했다.

"그럼 점심시간에 타자반으로 오세요. 제가 가르쳐 드릴게요."

첫 번째 점심시간 레슨이 있고 나서 집에 돌아온 릴리가 소리쳤다.

"엄마, 토니 다니엘이 옳았어요. 전 더 이상 장애인이 아녜요. 왜냐하면 다른 사람의 꿈이 이뤄지도록 돕고 있으니까요."

오늘날, 릴리는 전세계에서 널리 읽히는 책 두 권의 저자이다. 릴리는 우리 사무실 직원들에게 컴퓨터를 가르친다. 반쯤 잘려져 나간 왼손으로 마우스를 움켜쥐고서, 남아 있는 손가락과 뭉툭한 엄지 손가락 마디를 사용해 능란한 솜씨로 우리를 가르친다.

쉿! 귀를 기울여 보라! 당신은 저 문 두드리는 소리가 들리지 않는가? 손잡이를 돌려 문을 열라! 내 말을 잊지 말라. 천사들은 결코 인사를 하지 않는다. 그들은 다만 메시지를 건넨 뒤 "일어나 앞으로 나아가라!" 하고 말할 뿐이다.

도티 월터즈

왜 이런 일들이 일어날까?

우리 모두는 하느님의 손에 쥐어진 연필들이다.

마더 테레사

나의 기쁨과 열정은 내 목소리에 있다. 나는 내가 사는 지역의 연극 무대에서 연기하는 것을 좋아한다. 한번은 특별히 고된 작품을 연습하던 중에 목이 몹시 쑤셔 왔다. 나로선 처음으로 오페라 무대에서 연기하는 기회였기 때문에 나는 성대가 고장났을까 봐 심한 두려움에 사로잡혔다. 나는 주연 배우였고, 게다가 막 오를 날짜가 임박해 있었다.

나는 우리 집 가정 주치의와 진료 약속을 하고 가서 한 시간을 기다렸다. 기다리다 지친 나는 화가 치밀어올라 직장으로 돌아왔다. 그리고 전화번호부를 뒤져 인근 지역에 목 전문의가 있다는 사실을 알았다. 나는 재차 진료 예약을 하고 서둘러 그 병원으로 달려갔다.

간호사가 나를 안으로 안내했다. 나는 의자에 앉아 의사를 기다리기 시작했다. 몹시 기분이 우울했다. 나는 병에 잘 걸리지 않는 체질인데, 하필이면 체력이 꼭 필요한 시점에서 병이 난 것이다. 게다가 직장에서 일할 시간에 두 명이나 되는 의사를 만나러 다니는 것도 큰 부담이었다. 게다가 두 명 다 나를 기다리게만 하고 있었다. 정말 기운 빠지는 일이었다. 왜 이런 일들이 일어나는 걸까? 잠시 후 간호사가 다시 와서 말했다.

"저, 개인적인 질문을 한 가지 드려도 될까요?"

그 말이 이상하게 들렸다. 병원인데 개인적인 질문밖에 다른 어떤 걸 물을 수 있단 말인가? 아무튼 나는 간호원을 쳐다보며 말했다.

"네, 무슨 질문인데요?"

간호사는 약간 머뭇거리다가 물었다.

"당신의 손을 봤거든요."

나는 열한 살 때 지게차가 전복하는 사고 때문에 왼손 절반을 잃었다. 그렇게 해서 연극 배우가 되겠다는 내 꿈이 사라졌었다. 물론 모두가 "그래요? 전혀 눈치채지 못했어요. 당신이 너무 자연스러워서요." 하고 말하긴 했지만 내 마음은 그렇지 않았다. 나는 사람들이 무대 위에서 성한 사람만 보고 싶어 한다고 생각했다. 아무도 나 같은 사람이 무대에 서는 걸 좋아하지 않는다고.

게다가 나는 키가 너무 크고 체중도 많이 나갔으며 재능도 별로 없었다. 맞아, 사람들이 나를 보고 싶어할 리가 없어. 하지만 난 뮤지컬 코미디가 좋았고, 또 좋은 목소리를 갖고 있었다. 그래서 어느 날 내가 사는 지역에 있는 한 극장으로 찾아갔다. 그런데 오디션에서 내가 첫 번째로 뽑힌 것이다! 그것이 지금으로부터 3년 전의 일이었다. 그 이후로 나는 내가 시도하는 거의 모든 작품에 캐스팅되었다.

간호사는 조금 더 머뭇거리더니 물었다.

"제가 알고 싶은 건 그것이 당신의 삶에 어떤 영향을 주었는가 하는 거예요."

지난 25년 동안 아무도 이런 식으로 질문을 던진 사람이 없었다. 흔히들 "신경 쓰이겠군요."라든가 "좀 불편하겠어요."라고 말할 뿐이지 "당신의 삶에 그것이 어떤 영향을 주었나요?" 하고 대놓고 묻는 사람은 없었다.

잠시 어색한 침묵이 있고 나서 간호사가 다시 말했다.

"얼마 전에 제가 출산을 했거든요. 그런데 아이의 손 하나가 당신의 손처럼 생겼어요. 그래서……."

"이것이 내 삶에 어떤 영향을 주었냐구요?"

나는 적당한 대답을 찾느라 잠시 생각에 잠겼다. 이윽고 난 말했다.

"물론 이것은 내 삶에 많은 영향을 미쳤어요. 하지만 나쁜 식으로는 아녜요. 난 정상적인 두 손을 갖고 있는 사람들도 하기 힘든 많은 일을 하죠. 1분에 75단어를 타이핑할 수 있고, 기타 연주를 하며, 수년간 승마를 해 왔어요. 또 승마 교관 자격증까지 갖고 있죠. 난 현재 뮤지컬 무대에서 일을 하고 있고, 전문적인 강사이며, 계속해서 대중들 앞에 서죠. 그리고 일 년에 4,5회 정도 텔레비전 프로에 나갑니다. 난 한 번도 불구인 손이 힘들다고 느낀 적이 없어요. 왜냐하면 가족들의 사랑과 격려가 있었기 때문이죠. 가족들은 대부분의 사람이 두 손을 갖고도 하기 힘든 일을 내가 한 손으로 해내는 걸 보고는 나보다 더 기뻐했어요. 가족 모두가 함께 흥분하고 함께 기쁨을 나누죠. 이것은 장애가 아니라 우리 가족들의 중요한 관심사가 됐어요.

당신의 딸은 아무 문제도 갖고 있지 않아요. 그 아인 정상이에요. 다른 것들과 마찬가지로 이제부터 당신이 그 아이에게 스스로를 어떻게 생각하는가를 가르칠 거예요. 그 아이는 자신이 다른 아이들과 다르다는 걸 알게 되겠죠. 하지만 당신은 그 아이에게 '다른 것'은 좋은 것이라고 가르쳐야만 해요. 정상적이라는 건 평균을 의미하잖아요. 평균은 너무 시시하지 않겠어요?"

간호사는 잠시 침묵에 잠겼다. 그런 다음 간단히 "고마워요." 하고 말하고는 걸어나갔다.

나는 그곳에 앉아서 생각했다.

"왜 이런 일들이 일어나는 걸까?"

모든 일은 어떤 이유 때문에 일어난다. 지게차가 내 왼손 위로 떨어진 것조차 그렇다. 모든 상황이 나로 하여금 이 병원에 오게 했고, 지금 이 순간 한 가지 이유 때문에 정확히 그 일들이 일어난 것이다.

의사가 들어왔다. 그는 내 목 안을 들여다보더니 목에 마취를 해서 조직 검사를 해야겠다고 말했다. 가수든 성악가든 자신의 목에 의료 기구를 집어 넣는 것을 질색한다. 특히 마취를 해야 할 정도라면!

난 말했다.

"아뇨, 그러실 필요 없어요. 고맙습니다."

그리고 나는 얼른 밖으로 걸어나왔다.

다음 날 내 목은 언제 그랬냐는 듯이 깨끗이 나아 있었다.

왜 이런 일들이 일어나는 걸까?

릴리 월터즈(앞의 글을 쓴 이의 딸)

가장 뜨겁게 달군 쇠

쉽고 편안한 환경에선 강한 인간이 만들어지지 않는다. 시련과 고통의 경험을 통해서만 강한 영혼이 탄생하고, 통찰력이 생기고, 일에 대한 영감이 떠오르며, 마침내 성공할 수 있다.

헬렌 켈러

1946년 어느 날 밤에 우리 가정에 몰아닥친 재난과 시련을 난 결코 잊지 못할 것이다.

축구 연습을 마치고 집에 돌아온 남동생 조지가 갑자기 열이 40도가 넘으면서 쓰러졌다. 의사는 진찰을 해보더니 소아마비라고 했다. 소크 박사의 날(소아마비 예방 백신을 발명한 소크 박사를 기념하기 위해 지정한 날) 하루 전에 일어난 일이었다. 당시 미주리 주의 웹스터에서 소아마비는 유명한 병이었다. 수많은 유아들과 십대들을 사망에 이르게 하고 불구자로 만든 병이었다.

고비를 넘긴 뒤 의사는 조지에게 비극이긴 하지만 진실을 말해 주는 것이 자신의 의무라고 생각했다. 그는 말했다.

"애야, 나도 이런 말을 하는 내 자신이 싫구나…. 소아마비가 너무 심하게 널 덮쳤기 때문에 넌 아마도 평생을 절뚝거리며 걸어야 할 것이다. 그리고 왼쪽 팔도 못 쓰게 될 거야."

조지는 지난번 시즌에서 아깝게 패배한 뒤 내년 졸업반이 되면 레슬링 챔피언이 되겠다는 꿈을 간직하고 있었다. 거의 말을 할 수 없는 상황인데도 조지는 힘들게 입술을 움직여 속삭였다.

"의사 선생님……."

의사가 몸을 숙여 귀를 가져가며 물었다.

"왜 그러니, 애야? 어서 말해 봐라."

조지는 의지에 가득 찬 목소리로 말했다.

"지옥에나 가세요."

이튿날 간호사가 병실을 돌다가 바닥에 얼굴을 대고 엎어져 있는 조지를 발견했다. 놀란 간호사가 달려가서 일으켜 세우며 물었다.

"도대체 무슨 일이에요?"

조지는 나지막이 대답했다.

"지금 걷고 있는 중이에요."

조지는 금속 보조대를 거부했다. 심지어 목발까지도 거부했다.

어떤 때는 의자에서 일어나는 데만 20분이 걸리기도 했지만 조지는 어떤 도움도 거절했다.

나는 지금도 생생히 기억한다. 조지는 건강한 사람이 50킬로그램 무게의 역도를 드는 것과 똑같은 노력을 기울여 테니스 공 하나를 들어올리곤 했다. 또 나는 조지가 레슬링 팀의 주장으로 매트로 걸어나오던 것을 기억한다. 하지만 이야기는 여기서 끝나지 않는다. 이듬해 조지는 최초로 텔레비전에 생중계되는 미식축구 경기에서 미주리 밸리 대학의 주전 선수로 뽑혔는데, 시합 직전에 갑자기 전염성 단구 증가증이란 병으로 쓰러졌다.

조지의 결코 포기하지 않는 강한 정신을 더욱 북돋아 준 것은 조지의 동생 보브였다. 그때 우리 가족은 조지의 병실에 앉아 텔레비전 중계를 시청하고 있었다. 미주리 밸리 대학의 쿼터백(미식축구에서 포워드와 하프백 중간에 위치한 선수)이 12야드 패스를 성공시켜 득점을 올리는 순간이었다. 아나운서가 소리쳤다.

"조지 쉴레터 선수가 첫 득점을 올렸습니다."

우리는 깜짝 놀라서 뒤돌아보았다. 조지는 분명히 우리 뒤에 앉아 있었다. 그 순간 우리는 일이 어떻게 된 것인가를 알았다. 조지와 함께 스타팅 멤버로 뽑힌 보브가 형 조지의 유니폼을 입고 경기에 출전한 것이다. 그래서 조지는 그날 오후 자신이 6득점을 올리고 수많은 태클을 성공시키는 생중계를 들을 수 있었다. 조지는 그날 보브가 자신에게 가르쳐 준 교훈에 힘입어 단구 증가

증을 이겨낼 수 있었다. 항상 길이 있었던 것이다!

그러나 조지는 그 다음 세 차례의 가을을 더 병원에서 보내야만 했다. 1948년에 조지는 녹슨 못을 밟고 말았다. 1949년에 조지는 필 해리스에서 노래 오디션을 받기 직전에 편도선염에 걸렸다. 그리고 1950년에 조지는 신체 40퍼센트 부위에 3도 화상을 입었으며 폐렴까지 겹쳤다. 폭발 사고가 일어나 조지의 몸에 불이 붙었을 때 막내동생 앨런이 몸을 던져 생명을 구했다. 앨런 자신도 심한 화상을 입었다. 하지만 매번의 시련마다 조지는 점점 더 강해졌으며, 어떤 장애도 극복할 수 있는 자신의 능력에 더욱 확신을 갖게 되었다. 그는 사람이 장애물을 발견한다는 것은 목표에서 눈을 뗐다는 것을 의미한다는 말을 책에서 읽고 큰 감명을 받았다.

이렇듯 강한 정신과 웃음이 담긴 영혼을 천성적으로 갖고 태어난 조지는 쇼 비지니스 세계에 들어가 〈라프 인〉과 〈미국 코미디상〉과 같은 혁신적인 코미디 쇼를 제작 연출했다. 그 결과 에미상에서 특별상을 수상하기도 했다.

조지는 문자 그대로 용광로 속에 던져졌지만 강철과 같은 영혼을 갖고 소생했으며, 그것을 다른 사람들의 영혼에 힘과 웃음을 선사하는 일에 바쳤다.

존 웨인 쉴레터

달리기 시합

1

"그만둬! 포기하라구! 넌 이미 졌어!"
사람들이 소리치면서 만류한다.
"지금은 모든 것이 네게 불리하게 돌아가고 있어.
이번엔 아무리 해도 성공할 수 없다구!"

그래서 내가 실패의 그림자 앞에 고개를 떨구고
어깨가 축 처질 때마다 나는
어떤 달리기 시합에 대한 기억으로 다시 기운을 얻곤 한다.

그 장면을 회상할 때마다

희망이 다시금 내 약해진 의지를 일으켜 세운다.
왜냐하면 그 단거리 경주를 생각하는 것만으로도
내 영혼이 도로 생명력을 얻기 때문이다.

2

어린 남학생들의 달리기 시합이었다.
아직도 얼마나 생생히 그 순간이 기억나는지.
흥분감과 자신감, 하지만 역시 두려운 마음도 있었다.
뭐라고 말하기 어려운 기분이었다.

선수들 모두가 흥분된 마음으로 출발선에 섰다.
운동장 양쪽에선 아버지들이
자신의 아들들을 응원하고 있었다.
소년들은 저마다 아버지에게
자신이 일등 하는 모습을 보여 주고 싶었다.

드디어 출발 신호가 울리고
선수들은 앞으로 달려나갔다.
건강한 가슴과 희망들이 불타올랐다.
우승자가 되고 그래서 그날의 영웅이 되는 것이

소년들 저마다의 바람이었다.
특히 한 소년이 있었다.
소년의 아버지 역시 군중 속에서 지켜보고 있었다.
소년은 선두로 달려나가면서 생각했다.
"아빠가 자랑스러워 하실 거야."

그런데 속도를 내어 약간 내리막진 운동장을 지나
얕은 웅덩이를 뛰어넘는 순간
우승자가 되리라고 생각했던 어린 소년은
그만 발을 헛디뎌 미끄러졌다.

중심을 잡으려고 노력하다가
소년은 그만 두 팔을 헛짚으며
바닥에 얼굴을 문지르고 말았다.
관중들의 터져나오는 웃음 속에서.

그렇게 그는 자빠졌고 희망도 사라졌다.
이제 그는 우승자가 될 수 없었다.
창피한 나머지 그는
어떻게든 그 자리에서 달아나고 싶었다.

하지만 소년이 넘어지는 순간
그의 아버지가 확신에 찬 얼굴로 일어섰다.
그 얼굴은 소년에게 분명한 목소리로 말하고 있었다.
"일어나서 달려라!"

소년은 벌떡 일어났다. 다친 데는 없었다.
조금 뒤쳐진 것뿐, 그게 전부였다.
그는 뒤쳐진 것을 따라잡기 위해
온 마음을 다해 달렸다.
얼른 다른 아이들을 따라잡아
우승자가 되겠다는 생각이 너무 강한 나머지
마음이 다리보다 더 빨리 달렸다.
그래서 그는 또다시 넘어지고 말았다.

아까 포기했더라면 한 번밖에 창피를 당하지 않았을 것이라고
소년은 생각했다.
"난 이제 달리기 선수로선 희망이 없어.
다신 경주에 참가하지 말아야 해."

하지만 군중의 웃음소리 속에서
소년은 아버지의 얼굴을 발견했다.

그 확신에 찬 얼굴이 다시 말하고 있었다.
"일어나서 어서 달려라!"

그래서 소년은 또다시 벌떡 일어났다.
맨 꼴찌에서 달리는 아이보다 열 걸음 정도 뒤쳐져 있었다.
소년은 생각했다.
"저 거리를 메꾸려면 정말 빨리 달려야 하겠어."

온 힘을 다해 달린 끝에
소년은 금방 그 거리를 따라잡았다.
하지만 선두까지도 따라잡으려고 애쓴 나머지
또다시 미끄러져 넘어지고 말았다.
난 졌어! 소년은 그곳에 엎어져 있었다.
눈물이 볼을 타고 흘러내렸다.
"이대로 계속 달리는 건 무의미해.
세 번이나 스트라이크를 먹었으니 아웃이야.
다시 시도한다는 건 쓸 데 없는 짓이야."

일어나고픈 의지가 사라지고
모든 희망이 달아났다.
너무 뒤쳐졌고, 너무 실수투성이다.

어쨌든 패배자가 되었다.

그는 생각했다.
"난 졌어. 앞으로도 창피함을 안고 살아가게 될 거야."
하지만 그때 소년은 곧 마주칠
아버지의 얼굴을 생각했다.

"일어나라!"
낮게 메아리치는 소리가 들렸다.
"일어나서 네 책임을 다해라. 넌 여기서 포기해선 안 돼.
일어나서 어서 달려라."

그 목소리는 소년에게 새로운 의지를 심어 주고 있었다.
"일어나라. 넌 결코 패배하지 않았어.
승리한다는 것은 다른 게 아니야.
넘어질 때마다 일어나는 것이 진정한 승리이지."

그래서 소년은 또다시 일어났다.
이기든 지든 최소한 중단하진 않겠다고
소년은 새롭게 결심했다.

이제 다른 아이들에 비해 너무 뒤쳐져 있었다.
여태껏 이렇게 뒤쳐져 본 적이 없었다.
그래도 그는 자신이 갖고 있는 온 힘을 다해
마치 우승을 노리는 사람처럼 달렸다.

세 번이나 그는 넘어졌지만
세 번 모두 일어났다.
우승의 희망을 갖기에는 너무 뒤쳐져 있었으나
그래도 끝까지 달렸다.

우승자가 결승선을 통과하는 순간
관중은 환호의 박수를 보냈다.
일등을 한 선수는 자랑스럽게 고개를 쳐들고
행복한 미소를 지었다.
넘어지지도 않았고 창피를 당하지도 않았다.

하지만 세 번이나 넘어졌던 소년이
맨 꼴찌로 결승선에 들어서는 순간
관중은 일제히 일어서
더 큰 환호를 보냈다.
달리기를 끝까지 해낸 것에 대해.

소년이 비록 고개를 숙이고 자신감을 잃은 채
마지막으로 들어오긴 했지만
관중의 박수소리로 따지면
소년이 곧 우승자였다.

아버지에게로 다가간 소년은 풀이 죽어서 말했다.
"잘 해내지 못해 죄송해요."
소년의 아버지가 말했다.
"나한테는 네가 우승자다.
넌 넘어질 때마다 일어났어."

3

불행하고 힘든 시기가 인생에 닥쳐올 때
그것을 견딜 힘조차 없을 때
그 어린 소년에 대한 기억이
나의 달리기를 도와준다.

왜냐하면 인생 전체는 그런 달리기와 같은 것이니까.
오르막이 있고 내리막이 있는 것.

그리고 그 길 위에서 당신이 해야 할 일은
넘어질 때마다 일어나는 것.

"그만 중단해! 포기하라구! 넌 이미 졌어!"
사람들은 아직도 내 얼굴에 대고 소리친다.
하지만 내 안의 또 다른 목소리는 말한다.
"일어나 어서 달려라!"

작자 미상

미국 최정상

"왜 하필 나한테지?"

아버지가 암청색의 호수로부터 피투성이가 된 토드의 몸을 끌어당겨 배 위에 올려놓는 순간 토드는 그렇게 소리쳤다. 배에 타고 있던 아버지와 두 형제, 그리고 세 명의 친구는 구조 요청을 위해 전속력으로 해안에 도착했다. 그때까지도 토드는 말짱하게 의식이 깨어 있었다.

도무지 실감이 나지 않았다. 모두들 토드의 조부모가 살고 있는 오클라호마의 호수에서 수상 스키를 타며 즐거운 하루를 막보낸 터였다. 토드는 다른 사람들이 수상 스키를 마친 뒤 물 속에서 잠수를 하고 싶어했다. 그런데 스키 로프를 푸는 순간 배의기어가 거꾸로 돌아가면서 토드의 다리가 프로펠러에 휘말렸다. 모든 것이 눈 깜짝하는 사이에 일어난 일이었다. 다른 사람이 토드의 비명소리를 들었을 때는 이미 늦어 버렸다. 토드는 생명이 위독한 채 병원에 실려가고 있었다.

다행히 목숨을 건졌지만 두 다리는 완전히 타격을 입었다. 오른쪽 다리 좌골 신경이 끊어지고, 그로 인해 무릎 아래에서 발가락 끝까지 영구히 마비되었다. 의사들은 다시는 걷지 못할 가능성이 크다고 말했다. 토드는 서서히 상처로부터 회복되긴 했으나 뼈에 생긴 병이 결과적으로 오른쪽 발에 침투했다. 그 후 7년간 토드는 자신의 다리를 지키기 위해 육체적으로 정신적으로 투쟁해야만 했다. 하지만 아직도 가장 두려운 일이 그를 기다리고 있었다.

1981년 4월, 어느 가혹한 날이었다. 토드는 매사추세츠 종합병원의 수술대 위에서 수술이 시작되길 기다리면서 누워 있었다. 아직 완전히 마취되기 전이었다. 토드는 침착한 목소리로 병원 직원에게 수술이 끝난 뒤 먹고 싶은 피자 종류를 말했다. 그리고 이렇게 농담까지 했다.

"전 캐나다 베이컨과 파인애플을 무지 좋아하거든요."

문득 두려움 속에서도 고요한 평화가 밀려왔다. 어린 시절에 읽은 성경 귀절이 생각나면서 평화가 토드의 가슴을 채웠다. 그 구절은 이러했다.

'하나님께서 그의 앞에서 가고 있으며, 그의 다음 단계마다 길을 준비하리라.'

토드는 신이 그를 위해 준비해 놓은 다음 단계가 다리를 잘라내는 일임을 알았다. 어떤 주저하는 의심도 사라졌고, 그 필연적인 일을 맞이할 용기가 솟았다. 자신이 원하는 삶의 방식을 얻기 위해 그는 이제 다리를 절단해야만 했다. 얼마 뒤 한쪽 다리는 사라졌지만, 동시에 모든 미래가 토드에게 열려왔다.

사고 후, 토드는 가족과 친구들의 권유를 받아들여 심리학을 전공했다. 우등생으로 대학을 졸업한 뒤에는 남부 캘리포니아에 있는 〈수족 절단 수술을 받은 사람들을 위한 재활 센터〉의 의료 책임자로 일하기 시작했다. 심리학 전공이라는 배경과 또 그 자신 절단 수술을 한 경험을 갖고 있었기 때문에 토드는 다른 많은 사람들에게 힘과 용기를 불어넣을 수 있었다.

토드는 생각했다.

"삶에서 내가 나아가야 할 단계들이 이미 정해져 있음을 나는 안다. 또한 지금 내가 제대로 길을 가고 있음을 안다. 하지만 다음 단계는 무엇일까?"

사고가 있기 전까지 토드는 정상적인 삶을 살았다. 도보 여행과 캠핑, 각종 스포츠를 즐겼으며, 여자친구들과도 잘 어울려 다녔다. 다리를 다친 뒤에도 토드는 주위 친구들과 좋은 우정을 유지했다. 그러나 운동을 하기에는 무리가 있었다. 절단 수술 후에 부착한 의족은 걸어다니는 데는 그런대로 쓸만 했지만 그 이상은 아니었다.

토드는 밤마다 넓은 풀밭을 마음껏 뛰어다니는 꿈을 꾸곤 했다. 하지만 아침에 깨어났을 때는 가혹한 현실이 기다리고 있었다. 토드는 정말로 다시 달려 보고 싶었다.

1993년에 그의 소망이 이루어졌다. 플렉스 풋('플렉스'는 관절을 구부린다는 뜻)이라는 새로운 형태의 의족이 개발되었다. 토드는 주치의를 통해 곧바로 이 새로운 의족으로 바꿨다.

처음에는 달리는 데 문제가 있었다. 발이 걸려 넘어지고 숨이 찼다. 그러나 끈기 있게 연습한 결과 오래지 않아 하루에 20킬로미터를 뛸 수 있게 되었다.

달리기 실력이 점점 늘고 있을 무렵, 한 친구가 잡지에서 토드가 알면 흥미있어 할 기사를 발견했다. 한 협회에서 미국 50개 주에 있는 가장 높은 산들을 차례로 등반할 수족 절단 환자를 찾는다는 것이었다. 다른 네 명의 신체 장애자와 함께 1백일 안에 50개의 산 모두를 등반해 신기록을 세우려는 시도였다.

토드는 당연히 이 계획에 흥분했다. 그는 생각했다.

"시도하지 못할 이유가 없어. 난 전에도 도보 여행을 즐겼어. 이것은 내 한계를 시험해 볼 좋은 기회야."

토드는 신청서를 제출했고, 협회로부터 당장 연락이 왔다.

산악 등반은 1994년 4월에 시작될 예정이었다. 토드는 거의 일년 동안 준비를 했다. 날마다 등반 연습을 했으며, 음식 습관을 바꾸고, 주말에는 암벽 타기 연습을 했다. 다들 좋은 계획이라고 찬성했다. 그러나 그것이 과연 현실성 있는 일일까 하는 것엔 회의를 품는 사람들이 몇 명 있었다.

토드는 부정적인 생각을 가진 사람들이 그를 주저앉히는 걸 용납하지 않았다. 그는 그 일이 자신이 걸어가야 할 정해진 길임을 알았다. 앞으로의 방향을 알려달라고 기도하던 중에 토드는 그것이 그의 삶에 준비된 다음 단계라는 대답을 분명하게 들을 수 있었다.

모든 것이 완벽하게 준비되었다. 그런데 1994년 2월이 됐을 때 용기를 꺾는 소식이 날아왔다. 등반에 필요한 후원금이 제대로 걷히지 않았다는 것이었다. 협회 대표는 유감이긴 하지만 계획을 취소하는 길밖에는 다른 길이 없다고 말했다.

토드는 선언했다.

"난 중단하지 않을 겁니다! 난 이 일에 많은 시간과 열정을 바쳤어요. 따라서 지금 와서 포기할 순 없습니다. 이런 일이 일어난 데는 분명 어떤 메시지가 담겨 있을 것이고, 하나님이 허락하신다면 이 등반을 성공시킬 다른 길을 틀림없이 발견할 수 있을 거예요."

악조건 속에서도 기가 꺾이지 않고 토드는 계획대로 밀고 나갔다. 그 후 6주만에 토드가 직접 나서서 모은 후원금은 새로운 등반 계획을 추진하기에 충분했다. 그를 도울 친구들도 사방에서 발벗고 나섰다. 휘트 램바크가 토드의 등반 파트너가 되어 주기로 했고, 나 리사 만레이는 전체 계획을 추진하는 일을 도맡았다. 모든 것이 차근차근 준비되었다. 마침내 토드는 〈미국 최고봉Summit America〉이라고 이름 붙인 새로운 등반 프로젝트에 첫걸음을 내디뎠다.

등반을 준비하면서 토드는 지금까지 불과 31명만이 50개 주의 최고봉들에 올랐다는 사실을 알았다. 세계에서 가장 높은 에베레스트만 해도 그것보다 더 많은 사람들이 등정에 성공했다.

1994년 6월 1일 오후 5시 10분, 토드와 휘트는 쉰 개의 미국 최고봉들을 정복하는 대장정에 올랐다. 출발은 알래스카의 매킨리 봉에서부터였다. 이전 기록 보유자인 아드리안 크레인과 미 육군하사 마이크 바이닝이 인디언 이름으로 데날리라고 부르는 매킨리 봉 등정을 돕기 위해 달려왔다.

토드는 말했다.

"산의 기후 조건은 극도로 예측 불가능했습니다. 갑자기 폭풍이 불어닥치기도 했구요. 정상까지 오르는 것은 마치 고양이와 쥐의 경주와도 같았습니다."

또 그는 말했다.

"기온이 때로 영하 30도 이하로 떨어진 적도 있었어요. 우리는 12일 동안 온갖 기후 조건, 고산병, 그리고 또 다른 위험들과 싸워야만 했습니다. 난 산이 위험한 존재라는 걸 익히 알고 있었지만 두 사람의 꽁꽁 얼어붙은 몸이 내 눈앞에서 들것에 실려 내려가는 걸 보고서야 비로소 산이 그만큼 위험하구나 하는 게 실감나더군요.

한 번에 한 걸음씩밖에 나아갈 수 없었습니다. 마지막 1천 피트가 가장 힘들었어요. 난 매 걸음마다 세 번씩 숨을 몰아쉬어야 했습니다. 정상에 오르면 신이 내게 주는 메시지를 들을 수 있을 것이라고 난 내 자신에게 계속 말했지요. 그것이 나를 정상까지 올라가도록 몰아부쳤습니다."

나머지 등정은 빠른 속도로 진행되었다. 말 그대로 흥분의 연속이었다. 유명한 스포츠 용품 회사가 나머지 등반에 필요한 경제적 지원에 나섰다. 사람들이 토드에 대해 관심을 갖기 시작했다. 기록을 깨려는 그의 굳은 의지, 그가 살아온 내력이 알려지고, 미국 전역을 여행하는 동안 그의 메시지가 신문과 텔레비전, 라디오를 타고 사방에 전해졌다.

47번째 봉우리인 오리건 주의 후드 봉을 오르기 전까지는 모든 것이 순조로웠다. 1주일 전에 두 명의 등반가가 후드 산에 도전했다가 아까운 목숨을 잃었다. 모두가 토드와 휘트에게 그 산을 포기하라고 말렸다. 그만한 위험을 무릅쓸 필요까진 없다는 것이었다.

불안해진 토드는 자신의 옛 고등학교 동창이며 전문 등반가인 프레드 잘로카와 접촉했다. 토드가 처한 곤경을 듣자 프레드는 말했다.

"토드, 자넨 지금 와서 중단하기엔 너무 멀리까지 왔어. 내가 그리로 날아가겠네. 그래서 자네를 정상까지 데려다 주지. 안전하게 말야."

그리고는 곧바로 프레드가 오리건 주로 날아왔다. 산악 전문가들과 수많은 토론을 거치고, 더 많은 시간을 쏟아 세심한 계획을 세운 뒤에 마침내 토드와 휘트, 프레드는 후드 봉 정상에 오르는 데 성공했다. 이제 토드가 신기록을 세우는 데까지는 세 개의 봉우리만이 남아 있었다.

1994년 8월 7일 오전 11시 57분에 토드는 하와이의 마우나 키아 정상에 우뚝 섰다. 모두 합해 66일 21시간 47분만에 50개의 미국 최고봉을 오른 것이다. 과거의 기록을 35일이나 단축시킨 쾌거였다.

더 놀라운 것은 토드는 튼튼한 두 다리를 가진 사람이 세운 기록을 의족을 매단 채 갱신했다는 사실이다.

토드는 더없이 기쁘고 환희에 젖었다. 세계 등반 신기록을 세웠기 때문이 아니었다. 호수에서 사고를 당한 이래 줄곧 그의 머리를 맴돌았던 "왜 하필 나한테지?"하는 의문에 대한 해답을 이제야 알았기 때문이다.

33세의 나이에 토드가 비극을 딛고 이뤄낸 승리는 결코 개인적인 것만이 아니었다. 그것은 전세계 사람들 모두에게 마음만 먹으면 자신에게 닥친 시련을 이겨낼 수 있다는 강한 믿음과 용기를 심어 주었다.

오늘날까지도 토드 휴스턴은 모든 곳에 있는 사람들에게 자신의 메시지를 전하고 있다. 확신에 찬 목소리로 그는 말한다.

"신에 대한 믿음과 신이 당신에게 준 능력을 믿음으로써 당신은 삶에서 직면하는 어떤 도전이든지 극복할 수 있다."

리사 만레이

발견되지 않은 걸작품

세상의 어떤 것도 강한 의지를 대신할 수 없다. 사람은 재능만으론 성공할 수 없다. 성공하지 못한 사람들이 공통적으로 갖고 있는 것 중 하나가 바로 재능이다. 천재성만으로도 안 된다. 천재이면서도 평범한 삶을 사는 사람이 어디에나 있다. 끈기 있는 노력과 강한 의지력만이 전능한 힘을 갖고 있다.

캘빈 쿨릿지

몇 해 전만 해도 내 친구 쑤는 매우 심각한 건강상의 문제를 안고 살아가고 있었다. 쑤는 어려서부터 병약했다. 태어날 때 이미 심장의 한쪽 심방에 구멍이 뚫려 살아오는 동안 끊임없이 고통을 받았다.

힘든 제왕절개 수술로 시작된 다섯 아이의 출산 역시 쑤에게 큰 육체적 부담을 남겼다. 쑤는 끝없이 이어지는 수술 때문에 말할 수 없는 고통을 겪었다. 지난 몇 년간은 불어나는 체중 때문에도 시달렸다. 다이어트도 아무 도움을 주지 못했다. 원인 규명의 통증으로 그녀는 거의 끊이지 않고 신음했다. 쑤의 남편 데니스는 그녀의 한계를 받아들이는 법을 터득해야 했다. 그는 아내의 건강이 나아지기를 줄곧 희망했지만, 진심으로 그것이 가능하리라고는 믿지 않았다.

어느 날 두 사람은 가족회의를 열었다. 대화 끝에 그들은 자신들이 인생에서 이루고 싶어하는 〈소망 목록표〉를 작성했다. 쑤가 바라는 소망들 중 하나는 마라톤 경기에 참가하는 일이었다. 아내의 병력과 신체적 한계를 누구보다 잘 아는 데니스는 그녀가 세운 목표가 터무니없이 비현실적이라고 생각했다. 그러나 쑤는 반드시 그 목표를 이루리라고 마음먹었다.

이튿날부터 당장 쑤는 집 뒤의 작은 공터로 가서 아주 천천히 달리기 연습을 시작했다. 다음 날은 전날 달린 것보다 조금 빠른 속도로 달렸다. 그리고 달리는 양을 매일 한 바퀴씩 차츰 늘려 나갔다.

"언제쯤 나는 1킬로미터를 달릴 수 있을까?"

어느 날 그녀는 그렇게 자문한 적이 있었다. 그러나 오래지 않아 그녀는 4킬로미터를 달렸고, 그 다음에는 7킬로미터를 달렸다. 그래서 그 다음엔 어떻게 됐는지 그녀의 남편 데니스의 말을 통해 직접 들어 보자.

어느 날 쑤는 자신이 어디선가 배워 온 것을 내게 말한 적이 있다. '인간의 무의식과 신경 조직은 자신이 아주 생생하게 상상하는 것과 실제 현실 사이의 차이를 구별하지 못한다.' 는 것이었다. 다시 말해 우리가 어떤 것을 아주 구체적이고 생생하게 상상하고 있으면 우리의 몸과 마음은 그 상상 속의 것을 현실이라고 믿는다는 것이었다. 이 방법을 통해 우리는 우리 자신을 더 나은 존재로 바꿀 수 있다는 것이 쑤의 주장이었다. 그렇게 하면 우리가 가장 소중히 여기는 소망들이 무의식적으로 추구되어 마침내는 거의 완전에 가깝게 그것들이 이루어진다는 것이었다.

나는 쑤가 그 이론을 굳게 믿고 있음을 알았다. 그녀는 내가 막을 틈도 없이 남부 유타 주에서 열리는 세인트 조지 마라톤 대회에 참가 등록을 했다.

쑤를 태우고 유타 주 세인트 조지로 가는 산악 도로를 달리면서 나는 혼자서 자문했다.

"우리의 무의식은 자신을 파멸로 이끄는 상상까지도 굳게 믿을까?"

경기가 시작되고, 나는 차를 결승선 근처에 주차시키고 쑤가 들어오기만을 기다렸다. 경기 시작부터 비가 줄기차게 퍼붓고 있었다. 바람이 얼음처럼 차가웠다. 마라톤이 시작된 지 이미 다섯 시간이 흘렀다. 추위에 얼고 부상당한 몇몇 선수들이 내 앞을 지나 병원으로 실려가는 것이 보였다. 난 불안해서 미칠 것만 같았다. 쑤가 혼자서 추위에 떨면서 도로 어딘가에 뒤쳐져 있을 것을 상상하니 내가 먼저 쓰러질 지경이었다. 강하고 빠른 주자들은 이미 오래 전에 결승선을 통과한 뒤였다. 선수들의 모습이 갈수록 뜸해졌다. 이제는 도로를 달려오는 주자가 한 사람도 눈에 띄지 않았다.

선수들을 기다리며 주위에 주차해 있던 차들도 거의 떠나고 이제는 차츰 정상적인 교통이 재개되었다. 나는 기다리다 못해 차를 몰고 도로를 따라 아래쪽으로 내려갔다. 거의 3킬로미터를 갔는데도 아무 선수도 눈에 띄지 않았다. 그런데 커브길을 돌자 멀리서 한 떼의 선수들이 달려오는 것이 보였다. 가까이 가서 보니 다른 세 명의 주자와 함께 쑤가 달려오고 있었다. 그들은 달리면서도 서로 웃으며 얘길 나누고 있었다. 나는 도로 반대편에 있었기 때문에 길가에 차를 세우고 쉼없이 오가는 차량들 사이로 소리쳐 물었다.

"당신 괜찮아?"

쑤가 소리쳤다.

"물론이에요!"

다행히 약간 숨이 차 보일 뿐이었다. 그녀의 새 친구들이 나를 향해 미소를 보냈다. 그들 중 한 선수가 소리쳐 물었다.

"결승선까지 얼마나 남았죠?"

나는 소리쳤다.

"이삼 킬로밖에 안 남았어요."

이삼 킬로밖에라니? 난 생각했다. 나까지 미친 거 아냐? 그때
서야 나는 두 명의 주자가 다리를 절뚝거리고 있음을 알았다. 그
들의 신발이 비에 젖은 도로 위로 끌리면서 내는 소리를 들을 수
있었다. 난 그들에게 이만하면 좋은 경기를 펼쳤으니 그만하고
차에 올라타라고 말하고 싶었다. 하지만 그들의 눈에 맺힌 굳은
의지를 보고 차마 말이 나오지 않았다. 나는 차를 돌려 거리를
두고 그들을 따라가기 시작했다. 그들 중 한 사람이나, 아니면 세
사람 모두 곧 쓰러질지 모른다는 생각이 들었다. 그들은 다섯 시
간 반 동안을 계속해서 달리고 있었던 것이다. 나는 그들을 추월
해 앞쪽으로 차를 몰았다. 그리고 결승선 1킬로미터 앞에다 차를
세우고 기다렸다.

다시 쑤가 내 시야에 들어왔다. 고통과 싸우고 있는 모습이 역
력했다. 속도가 느려지고 얼굴이 일그러져 있었다. 자신의 다리
가 앞으로 나아가기를 거부하는지 쑤는 헉헉대며 다리를 내려다
보았다. 그러면서도 그녀는 거의 쓰러질 듯하면서 계속 앞으로
나아가고 있었다.

그 작은 그룹이 점점 흩어지기 시작했다. 이십대로 보이는 한
여성만이 쑤의 곁에서 달리고 있었다. 달리는 동안 서로 친구가
된 게 분명했다. 그들이 내 앞까지 왔을 때 나는 그들과 함께 뛰
기 시작했다. 이삼백 미터 정도를 달린 뒤 난 뭔가 지혜가 담긴

말이나 격려의 말을 해주려고 시도했다. 그러나 적당한 말이 떠오르지도 않았을 뿐더러 숨이 차서 말을 하기도 어려웠다.

결승선이 눈앞에 다가왔다. 장비들을 완전히 치워가지 않은 것이 정말 고마웠다. 왜냐하면 이제야말로 진정한 우승자들이 결승선에 들어오고 있었기 때문이다. 체구가 가냘픈 십대 소년은 결승선을 코앞에 두고 달리기를 포기할 수밖에 없었다. 그는 바닥에 주저앉아 울음을 터뜨렸다. 나는 그의 가족으로 보이는 사람들이 달려가 그를 차에 태우는 것을 보았다. 나는 또 쑤가 고통스러워 하고 있는 것도 보았다. 하지만 그녀는 2년 동안 이 날을 꿈꾸어 왔었다. 그런 그녀가 마지막에 가서 포기할 리 없었다. 그녀는 자신이 끝까지 달릴 수 있다는 것을 알고 있었다. 그것을 믿고 있었다. 그 믿음이 그녀에게 자신감을 심어 주었다. 그녀는 차라리 행복해 보이기까지 한 걸음걸이로 결승선까지의 마지막 수백 미터를 완주했다.

이 특별한 마라톤 주자들을 축하해 줄 사람들은 거의 남아 있지 않았다. 쑤는 훌륭한 경주를 치렀다. 규칙적으로 서서 휴식을 취하고 중간 급수대마다 충분한 양의 물을 마셨으며, 적당한 속도를 유지했다. 나아가 그녀는 경험이 없는 주자들로 이루어진 작은 그룹을 리드하기까지 했다. 그녀는 그 사람들 모두에게 자신감과 확신을 심어 주고, 격려의 말들을 아끼지 않았다. 경기가 끝나고 공원에 모였을 때 그들은 공개적으로 쑤에게 찬사를 보내고 그녀를 껴안았다.

쑤의 새로운 친구가 말했다.

"당신이 우리에게 해낼 수 있다는 믿음을 주었어요."

또 다른 사람이 말했다.

"결승선을 통과할 때의 기분이 어떠할지 당신이 생생하게 묘사해 주었기 때문에 난 내가 해낼 수 있다는 걸 알았어요."

비가 그쳤다. 우리는 공원을 걸으며 많은 얘길 나눴다. 나는 쑤를 바라보았다. 그녀는 달라져 있었다. 고개가 더 하늘로 쳐들어지고 어깨 역시 똑바로 펴져 있었다. 다리를 절뚝거리고 있었지만 그녀의 걸음걸이는 새로운 자신감으로 차 있었다. 목소리엔 조용하고 전에 없던 위엄이 깃들어 있었다.

그녀가 새 사람이 되었다는 것이 아니다. 자신이 지금까지 알지 못하던 진정한 자신의 모습을 비로소 발견한 듯했다. 물감이 아직 마르진 않았지만 나는 그녀가 발견되지 않은 걸작품인 것을 알았다. 그 발견되지 않은 걸작품 속에는 그녀가 자신에 대해 배워 나가야 할 수많은 것들이 담겨 있었다. 그녀는 새롭게 발견한 자신을 진정으로 좋아하는 듯했다. 그것은 나 역시 마찬가지였다.

찰스 A. 쿤라트

내가 할 수 있다면 당신도 할 수 있다

나는 문자 그대로 밥주걱도 없이 인생을 시작했다. 태어나자마자 나를 낳아준 생모로부터 버림을 받았다. 엄마는 캐나다 사스캐치원의 무스 조라는 작은 마을 출신의 미혼모였다. 나는 태어나자마자 곧바로 존과 매리 링클레터라는 가난한 중년 부부에게 입양되었다.

나를 입양한 아버지는 내가 아는 한 세상에서 가장 따뜻한 마음씨를 지닌 분이셨다. 하지만 그분은 사업가로선 아무 소질이 없었다. 시간제로 복음 교회의 전도사 일을 하면서 아버지는 보험 판매를 하고, 작은 잡화상을 운영했다. 또 신발 만드는 일도 시도했다. 하지만 어느 것 하나 제대로 성공하지 못했다. 결과적으로 우리는 샌디에이고의 한 지역 교회가 운영하는 자비원에서 살기 시작했다. 이 무렵 아버지는 하나님으로부터 오로지 전도 사업에만 몰두하라는 부름을 받았다. 그 결과 우리는 훨씬 더 가난해졌다. 우리가 가진 얼마 안 되는 것마저 먹을 걸 구걸하는 버림 받은 이웃들과 함께 나눠 써야만 했다.

나는 일찍이 고등학교를 졸업하고 열여섯 살이라는 예민한 나이에 뜨내기 노동자 일을 하며 여행을 계속했다. 머릿속에는 내 행운을 발견하겠다는 의지로 가득했다. 하지만 내가 맨 먼저 발견한 것은 권총의 총구멍이었다. 여행 동료와 함께 열차 화물칸에서 잠을 자다가 우리는 서너 명의 깡패에게 붙들렸다.

한 녀석이 소리쳤다.

"손을 쭉 펴고 납작 엎드려! 만일 이 성냥불이 꺼지거나 입을 뻥끗하기라도 하면 당장 총알을 날려 버리겠다."

놈들이 우리의 호주머니를 뒤지고 허리춤을 검사하는 동안 나는 갑자기 겁이 났다. 그들이 바라는 것이 돈이 전부가 아닐지도 모른다는 생각이 들었다. 부랑자들이 어린 소년들을 성폭행한다는 얘기를 들은 적이 있었기 때문이다. 그 순간 성냥불이 다 타 버렸다……. 그들은 허둥대며 다시 성냥을 켰다. 우린 꼼짝 않고 엎드려 있었다. 강도들은 나한테서 1달러 30센트를 발견했지만 내가 코트 안감에 바느질해 감춰둔 10달러는 알아채지 못했다. 그들은 또 내 친구 덴버 폭스에게서 2달러를 강도질했다.

다시 성냥불이 꺼졌다. 난 그들이 머뭇거리는 걸로 봐서 아직 뭔가에 대해 결정을 내리지 못하고 있음을 알았다. 덴버와 나는 어둠 속에 바싹 붙어 바닥에 엎드려 있었는데, 권총의 공이치기가 찰칵 하는 소리가 났다. 등에서 소름이 쫙 끼쳤다. 난 그들이 우리를 죽일까 말까 생각중임을 알았다. 그것은 그들에게는 전혀 위험한 일이 아니었다. 열차 밖에서는 굵은 비가 퍼붓고 있어서 어떤 소리라도 삼켜 버릴 것이었다.

겁에 질려 나는 아버지를 생각했다. 아버지가 이 사실을 안다면 날 위해 얼마나 기도하실까 하는 생각이 들었다. 그 순간 갑자기 두려움이 나를 떠났다. 그리고 평화와 고요가 찾아왔다. 내가 자신감을 되찾은 것에 반응이라도 하듯 강도들이 우리에게로 되돌아왔다. 그러더니 한 녀석이 뭔가를 내 팔꿈치에 집어던지는 것이 느껴졌다. 그 녀석이 말했다.

"여기 네 놈의 30센트가 있다. 이 돈으로 아침이나 사 먹으라구."

오늘날, 나는 방송 역사상 최장수 쇼 프로그램을 진행하는 스타로 살아온 지난 45년을 회상할 수 있다. 또 사업가, 저술가, 연설가 등으로 성공적인 삶을 살아온 내 자신을 되돌아볼 수 있다. 또한 나는 내가 꾸려온 성공적인 가정 생활에 대해서도 자부심을 느낀다. 58년간 한 명의 아내와 살았고, 다섯 명의 자식을 두었으며, 일곱 명의 손주와 여덟 명의 증손주를 보았다. 나는 자랑하기 위해 이런 얘기를 하는 것이 아니다. 경제적인 사다리의 맨 밑바닥에 있는 사람들에게 용기를 주기 위해서다. 내가 어디서부터 출발했는가를 새겨 두라. 그리고 이 점을 기억하라. 내가 할 수 있었다면 당신도 할 수 있다. 그렇다. 당신은 할 수 있다.

아트 링클레터

무슨 일이 일어났는가?

한 젊은이가 아이비 리그에 소속된 어느 대학에서 미식축구 선수로 뛰고 있었다. 아니, 솔직히 말해 그는 선수라기보다는 그저 팀의 일원에 지나지 않았다. '제리'라는 이름의 이 젊은이는 정기 시즌에 참가할 만큼 실력이 뛰어나지 않았다. 아주 드물게만 경기장에 나가 선수로 뛸 수 있을 뿐이었다. 하지만 4년 동안 이 성실하고 충성스런 젊은이는 단 한 번도 연습에 빠진 적이 없었다.

감독은 제리가 보여 주는 팀에 대한 충성심과 헌신적인 자세에 깊은 인상을 받았다. 또 제리가 아버지에게 지극한 효자인 것도 알았다. 감독은 여러 번이나 제리가 자기를 찾아온 아버지와 함께 웃고 얘기하면서 팔짱을 끼고 캠퍼스 주위를 걸어다니는 것을 목격했다. 하지만 감독은 제리의 아버지와 인사를 나눈 적도 없었으며, 또한 제리와 함께 아버지에 대해 얘길 나눈 일도 없었다.

제리가 졸업반이 되고 시합을 며칠 앞둔 어느 날 밤이었다. 그 시합은 이번 시즌에서 가장 중요한 경기였다. 오랜 전통을 지닌 라이벌 대학끼리의 한판 승부였다. 혼자서 작전을 구상하고 있던 감독은 노크 소리를 들었다. 문을 열자 그 젊은이가 슬픔에 가득 찬 얼굴로 서 있었다.

제리는 머뭇거리며 말했다.

"감독님, 저의 아버지께서 방금 돌아가셨어요. 이삼일 동안 연습을 빠지고 집에 다녀오면 안 될까요?"

감독은 안됐다고 위로한 뒤, 당연히 집에 다녀와도 좋다고 말했다.

"고맙습니다, 감독님."

제리가 그렇게 말하고 뒤돌아서서 가려고 할 때 감독은 이렇게 덧붙였다.

"다음 주 토요일에 있는 시합에 맞춰서 오려고 애쓸 필요가 없네. 괜찮으니까 충분히 일을 치르고 오게."

젊은이는 고개를 끄덕이고 떠났다.

하지만 금요일 밤, 큰 시합을 불과 몇 시간 앞둔 시간에 제리가 다시 감독의 방 문을 두드렸다.

"감독님, 다녀왔습니다. 그리고 한 가지 간절한 부탁이 있습니다. 내일 경기에 저를 스타팅 멤버로 뛰게 해 주십시오."

감독은 그 시합의 중요성을 얘기하며 젊은이의 청을 단념시키려고 노력했다. 하지만 젊은이의 간절한 부탁에 결국 감독은 승락하고 말았다.

그날 밤 감독은 뒤척이며 잠을 이루지 못했다. 왜 그 젊은이의 부탁을 받아들였던가? 상대 팀은 3점 차이로 승리할 것이라고 장담하고 있었다. 따라서 전후반을 통털어 최고의 주전 선수들만을 투입해야 했다. 만일 처음 찬 볼이 제리에게 날아가서 제리가 머뭇거리기라도 하면 어떻게 할 것인가? 제리를 스타팅 멤버로 기용했다간 대여섯 점 차로 질 게 뻔했다.

당연히 감독은 그 젊은이를 시합에 내보내선 안 되었다. 그것은 의심할 여지가 없는 일이었다. 하지만 약속은 약속이었다.

악대가 연주를 시작하고 관중이 응원의 함성을 질렀다. 제리는 골 라인에 서서 첫 볼이 자기에게 날아오기를 기다리고 있었다. 볼이 저 친구에게 가진 않을 거야, 하고 감독은 자신을 위안했다. 잠시 동안 다른 하프백이나 풀백 선수들이 볼을 다루게 하다가 제리를 빼 버리면 된다고 그는 생각했다. 그렇게 하면 제리가 결정적인 실수를 범하는 것을 염려할 필요도 없고, 또 그 자신은 약속을 지킨 셈이 되는 것이었다.

"오, 안 돼!"

공중으로 힘껏 차 올려진 첫 볼이 곡선을 그리며 날아가 제리의 두 팔에 안기는 순간 감독은 당황해서 소리쳤다. 하지만 제리는 감독이 예상했던 대로 머뭇거리는 대신 단단히 볼을 껴안고 앞에서 돌진하는 세 명의 수비수를 제치고 미드필드까지 돌진했다. 거기서 마침내 가로막기에 걸렸다.

감독은 제리가 그토록 날렵하고 힘차게 달리는 것을 본 적이 없었다. 뭔가를 느낀 감독은 쿼터백에게 제리 쪽으로 볼을 보내라고 지시했다. 쿼터백의 손을 떠난 볼이 제리의 손에 단단히 잡히고, 제리는 또다시 20야드를 전진했다. 몇 차례 플레이가 계속되고 마침내 제리는 자신의 손으로 첫 득점을 올렸다.

자신만만하던 상대 팀은 당황하는 기색이 역력했다. 저 선수가 누구지? 제리는 선수 스카우팅 명단에조차 들어 있지 않았다. 왜냐하면 대학 4년 동안 제리가 시합에 나가서 뛴 시간은 모두 합해 3분밖에 되지 않았기 때문이다.

감독은 계속 제리를 뛰게 했다. 제리는 전반전 내내 공격과 수비 양쪽에서 눈부신 활약을 했다. 볼 빼앗기, 가로채기, 패스, 가로막기, 달리기 등에서 누구도 제리를 능가할 수 없었다.

전반전 동안 제리의 팀이 상대 팀을 2점 앞섰다. 후반전 동안에도 제리는 계속 팀을 이끌었다. 종료 휘슬이 울렸을 때 제리의 팀이 마침내 승리의 환성을 질렀다.

선수들은 불가능한 경기를 승리로 이끈 것을 자축하며 탈의실에 모였다. 감독은 제리를 찾았다. 제리는 한쪽 구석에 두 손으로 머리를 감싸고 조용히 앉아 있었다.

감독이 다가가 두 팔로 제리를 껴안으며 물었다.

"제리, 대체 무슨 일이 일어난 거지? 너무도 훌륭하게 해냈어. 전에는 그렇게 빠르지도 강하지도 않았어. 기술이 뛰어나지도 않았구 말야. 대체 어찌된 일이야?"

제리가 시선을 들어 감독을 바라보며 조용히 말했다.

"감독님, 저의 아버진 장님이셨어요. 그래서 제가 경기하는 모습을 한 번도 보실 수가 없었죠. 하지만 이젠 돌아가셨으니 오늘 처음으로 제가 뛰는 모습을 보셨을 거예요."

작자 미상
척 닷지 제공

특별한 얼굴을 가진 사람

내 친구 마크가 몇 년 전 캐나다 밴쿠버에 가서 강연을 하고 있을 때였다. 마크는 맨 앞줄에 지금까지 본 그 어떤 사람보다 흉한 얼굴 모습을 한 남자가 앉아 있는 것을 눈치챘다. 그는 얼굴 사방에 길다랗게 꿰맨 자국들이 나 있었다. 한쪽 눈꺼풀도 꿰맨 수술을 받아 내려앉아 있었다. 심지어 입도 4분의 3이 꿰매어져 있었다.

마크는 그날 서로 껴안는 일의 중요성에 대해 강연을 했다. 그런데 휴식 시간에 앞줄의 그 얼굴 흉한 남자가 다가와 마크를 껴안는 것이었다. 잘 나오지도 않는 목소리로 그 남자는 말했다.

"제가 바로 말콤입니다."

남자는 말하는 투로 봐선 마크가 자신을 알아봐 주길 기대하는 눈치였다. 마크는 언제 어디서 그 남자를 만났었는지 전혀 기억나지 않았다.

남자가 말했다.

"당신에게 편지를 써 보낸 사람이 바로 접니다."

그 순간 마크는 금방 기억이 났다. 얼마 전에 남자가 보낸 편지를 받았던 것이다. 그 편지 내용은 이러했다.

십 년 전쯤에 남자는 자신의 약혼녀와 함께 주말을 브리티시 콜럼비아(캐나다 남서부의 주) 북쪽지대의 삼림 속을 거닐며 사업 구상에 대한 얘길 나누고 있었다. 그런데 어떻게 하다가 그만 어미곰과 새끼곰들 사이에 가로놓이게 되었다. 새끼들을 보호하겠다는 일념에서 어미곰은 마크의 약혼녀를 움켜잡았다. 말콤이 160센티미터밖에 안 되는 작은 체구인데 반해 곰은 거대한 몸집을 갖고 있었다. 하지만 말콤은 용기를 갖고 덤벼들어 어미곰으로부터 약혼녀를 떼어내는 데 성공했다. 그 순간 어미곰은 말콤을 덮쳐 몸의 뼈를 모두 짓눌러 놓았다.

마지막으로 어미곰은 발톱으로 말콤의 얼굴을 이리저리 후려친 다음에 물러났다.

말콤이 목숨을 건진 것은 기적에 가까웠다. 그 후 말콤은 8년에 걸쳐 봉합 수술을 받았다. 이 무렵 의사들은 현대 의학이 할 수 있는 모든 성형 수술을 실시했다. 그래도 별 도움이 되지 않았다. 그 자신이 바라봐도 끔찍한 얼굴이었다. 그는 다시는 사회에 얼굴을 내밀고 싶지 않았다.

그래서 그는 휠체어를 타고 재활 센터의 10층 옥상으로 올라갔다. 막 아래로 뛰어내리려는 찰라에 그의 아버지가 나타났다. 아버지는 어떤 예감이 들어 아들을 만나러 달려왔던 것이다.

계단을 뛰어올라간 아버지는 아들에게 소리쳤다.

"잠깐만 기다려라, 얘야!"

말콤은 휠체어를 돌려 눈물 어린 눈으로 아버지를 바라보았다. 아버지가 말했다.

"말콤, 모든 인간은 마음속 어딘가에 흉터를 갖고 있단다. 우리들 대부분이 그것을 미소와 화장품과 옷으로 감추고 있을 뿐이지. 넌 단지 바깥에 흉터를 갖고 있을 뿐이야. 하지만 우리 모두는 똑같아."

그 말을 듣고부터 말콤은 더 이상 자살 시도를 하지 않았다.

얼마 뒤 친구가 말콤에게 마크의 강연 테이프를 갖다 주었다. 그 테이프에서 말콤은 마크가 폴 제퍼스에 대한 얘기를 하는 것을 들었다. 폴 제퍼스는 마흔두 살에 청력을 상실했지만 세계에서 가장 뛰어난 세일즈맨이 된 사람이다. 마크는 폴 제퍼스의 말을 인용해 주었다.

"시련은 평범한 사람을 특별한 사람으로 만든다."

그 얘길 듣고 말콤은 자기 자신에게 말했다.

'그것이 바로 나다. 난 특별한 사람이야!'

말콤은 종이 위에 자신이 원하는 것들을 적어 내려갔다. 그는 그것들에 대한 꿈을 가졌으며, 그 꿈을 모든 사람들에게 말했다. 그런 다음 그는 사회로 나가서 보험 세일즈 일을 하기 시작했다. 그것은 날마다 많은 사람들에게 자신의 모습을 드러내야 한다는 것을 의미했다. 말콤은 명함에다 아예 자신의 사진을 인쇄해 만나는 사람들에게 주면서 말했다.

"난 겉모습은 흉하게 생겼지만 내면은 아름답습니다. 당신이 내게 관심을 가지면 금방 그것을 알게 될 겁니다."

1978년에 말콤은 밴쿠버에서 첫 손가락에 꼽히는 보험 판매 사원이 되었다. 운명은 그를 가혹하게 할퀴었으나 그는 그것을 황금의 기회로 돌려 놓았다. 말콤이 배운 것은 외모가 자신의 문제가 아니라는 것이었다. 그를 주저앉게 만든 것은 얼굴이 아니었다. 그것은 하나의 변명에 지나지 않았다. 삶에서 우리는 변명을 하든지, 아니면 놀라운 결과를 얻든지 둘 중의 하나다. 말콤에게 문제가 되었던 것은 스스로 자신을 어떻게 바라보는가 하는 것이었다. 그는 자신을 추하게 생각했다. 따라서 그는 추한 인간이 되었다. 하지만 그가 자신을 아름다운 존재로 바라보는 순간 그는 아름다운 인간으로 변했다.('아름다움이란 보는 사람의 눈에 달려 있다. 보는 사람과 보이는 대상이 하나라 할지라도 그것은 진리다.'라는 금언을 기억하라.)

일단 말콤이 자신의 특별함을 보는 순간 얼굴의 흉터는 상관없는 것이 되었다. 일단 남에게 자신을 드러내는 두려움을 깨는 순

간 그는 놀라운 결과를 향해 나아갈 수 있다. 당신도 얼마든지
그렇게 할 수 있다.

잭 캔필드

내가 인생에서 불행한 이유

난 너무 못 생겼다.

난 너무 뚱뚱하다.(또는 너무 말랐다.)

난 너무 키가 작다.

난 너무 늙었다.(또는 아직 너무 어리다.)

난 별로 머리가 좋지 않다.

난 너무 몸이 약하다.

난 대학을 다니지 못했다.

난 배경이 시시하다.

난 집에서 밥과 빨래나 하고 있다.

난 홀어머니 밑에서 자랐다.

난 내 자신을 이렇게 생각했기 때문에 늘 불행했다.

잭 캔필드, 마크 빅터 한센 제공

바닷가를 달리는 사람

모든 부정적인 사건들은 그 안에 그것과 똑같은, 아니면 그것보다 훨씬 많은 긍정적인 씨앗을 담고 있다.

W. 클레먼트 스톤, 나폴레옹 힐

테리 폭스는 캐나다 출신의 이름 있는 운동선수였다. 대학 시절 많은 분야의 스포츠에서 두각을 나타냈다. 테리는 장차 프로에 진출할 꿈을 갖고 있었다. 어느 날 그는 다리에 심한 통증을 느끼고 의사를 찾아갔다. 검사 결과는 암이었다. 암이 다리 깊숙이 침투해 있었다. 의사는 말했다.

"유감이지만 당신은 절단 수술을 받아야만 하오. 당신은 스물한 살이니까 직접 수술 동의서에 서명을 해주시오."

테리는 이를 악물고 다리 절단 수술 동의서에 서명을 했다. 그

후 며칠간 병원 침대에 누워 있으면서 테리는 깊은 절망에 빠질 수도 있었다. 운동장에 서 보기도 전에 운동선수로서의 생명이 끝난 자신의 운명에 흐느껴 울 수도 있었다. 하지만 그 대신에 테리는 언젠가 고등학교 시절에 감독 선생님에게서 들은 말을 기억했다.

"네가 온 마음을 바쳐 원한다면 넌 어떤 일이든지 할 수 있다."

테리는 캐나다의 해안 전체를 달리기로 결심했다. 그 목적은 10만 달러를 모금해 다른 젊은이들이 자신처럼 고통받지 않도록 암 연구 기금에 바치기 위한 것이었다. 그는 종이 위에 자신의 목표를 적어 놓고 끊임없이 그것에 대해 생각했다.

병원에서 퇴원할 당시 테리는 의족을 한 상태였다. 그는 절뚝거리는 걸음걸이로 사람들을 찾아가 〈테리 폭스의 희망의 마라톤〉을 후원해 달라고 요청했다. 그리고 부모를 찾아가 자신이 하고자 하는 일에 대해 설명했다.

테리의 아버지는 말했다.

"아들아, 우린 저축해 놓은 돈이 있다. 네가 대학에 다시 돌아간다면 그 돈을 널 위해 쓰겠다. 일단 학교를 졸업한 뒤에 사회에 기여하도록 해라."

이튿날 테리는 캐나다 암 협회를 찾아가 마라톤을 통해 기금을 모집하려는 자신의 의도를 말했다. 협회 사람들은 의도는 좋지만 당분간 뒤로 미룰 수밖에 없다고 말했다. 자신들과 연관된 사업이 너무 많기 때문이라는 것이었다. 그들은 부모님의 권유를 따르라고 충고했다.

"당분간 잊어버리시오. 나중에 다시 한 번 만납시다. 아무튼 그런 생각을 해줘서 고맙소."

바로 그 다음 날, 테리는 학교를 찾아가서 대학 룸메이트를 끌어냈다. 두 사람은 곧장 뉴펀들랜드(캐나다 동해안에 있는 주, 불어를 사용한다)로 비행기를 타고 날아갔다. 그곳에서 테리는 사용하던 목발을 대서양에 집어던지고 달리기를 시작했다.

그가 브리티시 콜럼비아(캐나다 남서부의 주, 영어를 사용함) 출신의 영국계 캐나다인이기 때문에 테리는 처음에는 매스컴의 주목을 받지 못했다. 달리기를 시작한 지 327일이 지나 마침내 테리는 영어권의 캐나다로 진입했다. 이 무렵까지 그는 보스턴 마라톤보다 긴 거리인, 하루에 50킬로미터 이상을 달렸다. 의족의 무게가 그를 더욱 고통스럽게 했다. 테리는 고통을 참으며 이를 악물고 달렸다. 달리는 동안 피가 길바닥 위에 떨어졌다. 서서히 그는 모든 언론의 톱뉴스를 차지하기 시작했다.

마침내 테리는 트루도 수상을 만났다. 트루도는 악수를 청하면서 테리에게 무엇을 위해 이 일을 하는가 물었다. 테리는 자신의 원래 목적은 10만 달러를 모금하는 것이었다고 말했다.

"하지만 수상님이 도와 주신다면 우리는 1백만 달러로 모금을 확대할 수 있습니다."

처음에 수상은 이 일에 관여하는 걸 원치 않았다. 이 무렵부터 미국 전역에 테리가 소개되기 시작했다. 텔레비전 프로그램 〈리얼 피플(참사람)〉이 캐나다까지 날아가서 테리를 필름에 담았다. 웨인 그레츠키 같은 유명한 하키 선수들이 캐리를 둘러업고 하키 구장을 돌면서 관중석으로부터 기금을 모으는 장면이 방영되기도 했다.

테리는 계속해서 달렸다. 온타리오(캐나다 남부의 주) 주의 썬더 베이까지 달렸을 때 그는 심한 호흡기 장애를 일으켰다. 검진을 한 의사는 테리에게 말했다.

"달리기를 당장 중단해야 합니다."

테리는 의사에게 자기가 누구인지 잘 모르는 모양이라고 말해 주었다.

"처음에 내 가족들은 내가 이 일을 할 수 없을 것이라고 말했습니다. 그래도 난 밀고 나갔어요. 암 협회에서도 불가능하다고 했지만 난 포기하지 않았어요. 주 정부에서는 고속도로 통행에 방해가 된다고 나더러 달리기를 중지하라고 말했습니다. 난 계속 달렸어요. 내가 10만 달러를 모을 때까지 수상도 진심으로 날 후원하지 않았습니다. 하지만 마침내 수상이 나를 돕기 시작했고, 그 결과 우리는 백만 달러를 모았어요. 당신의 병원을 나가면 그때부터 나는 모든 캐나다인들로부터 1달러씩을 모금할 겁니다.

그렇게 되면 2천 4백 10만 달러를 모을 수 있습니다."

의사는 테리가 그 일을 해내기를 진심으로 기원하지만 암이 폐에까지 침투했음을 설명했다. 물론 의사는 테리가 캐나다의 고질적인 문제인 언어 장벽과 각주의 대립을 해결하는 데 큰 기여를 했음을 알고 있었다. 테리는 어느새 국가적 영웅이 되어 있었던 것이다.

의사는 캐나다 공군의 제트기가 테리를 밴쿠버로 데려가기 위해 활주로에서 기다리고 있다고 설명했다. 부모가 그를 병원에 입원시키기 위해 수속을 밟아 놓고 있었던 것이다. 테리는 마지못해 동의했다. 이 장면이 캐나다와 미국 전역에 방영되었다. 사람들이 테리를 응급실로 실어가고 있을 때 취재에 열중한 한 젊은 방송기자가 달려들어 테리에게 물었다.

"테리, 다음 번엔 어떤 일을 할 건가요?"

테리는 끝까지 프로 정신을 잃지 않았다. 그는 용기 있게 카메라를 바라보면서 말했다.

"당신들은 내 달리기를 멈추게 할 겁니까? 정말로 내 달리기를 멈추게 할 생각인가요?"

얼마 뒤 테리는 세상을 떠났다. 이 무렵까지 캐나다 사람들은 테리의 행동에 감동해 모두 2천 4백 10만 달러의 암 연구 기금을 모아 주었다.

잭 캔필드, 마크 빅터 한센

평화를!

어떤 지혜로운 노신사가 정년퇴직을 한 뒤 고등학교 근처에 작은 집을 구입했다. 처음 이삼 주 동안 그는 평화와 만족감 속에서 은퇴 생활을 보냈다……. 그러다가 신학기가 시작되었다. 바로 다음 날 오후, 세 명의 학생이 방과 후에 젊음의 에너지로 가득 차서 거리로 내려왔다. 그들은 길가에 세워둔 휴지통들을 신나게 걷어차기 시작했다. 날마다 그 와장창 하는 소리가 끊이지 않았다. 마침내 노신사는 뭔가 조치를 취할 때가 됐다고 마음먹었다.

이튿날 오후, 노신사는 거리로 나가 여전히 쓰레기통을 빵빵 차며 걸어오는 어린 소음꾼들을 만났다. 그들을 멈춰 세우고서 노신사는 말했다.

"너희들 정말 재밌게 노는구나. 너희들이 그처럼 기운 넘치는 걸 보니 나도 기쁘다. 나도 너희만한 나이였을 때 그렇게 놀곤 했었지. 내 부탁을 들어 주겠니? 날마다 여기로 와서 계속 휴지통을 두들겨패 준다면 너희들 각자에게 1달러씩을 주마."

신이 난 학생들은 방과 후마다 그곳으로 와서 어김없이 쓰레기통에 발길질을 퍼부었다. 며칠 뒤 노신사가 다시 학생들에게 다가왔다. 그런데 이번에는 얼굴에 슬픈 표정을 짓고 있었다. 그는 학생들에게 말했다.

"이 놀이가 내 생활비에 큰 타격을 주고 있구나. 더 주고 싶지만 이제부턴 너희들에게 쓰레기통을 차는 대가로 50센트밖에 줄 수가 없다."

소음꾼들은 실망하는 기색이 역력했지만 노신사의 제안을 받아들이고 방과 후의 소동을 계속했다.

며칠 뒤 이 지혜 많은 노신사는 다시 학생들을 기다렸다가 말했다.

"얘들아, 난 아직 사회보장 연금을 받지 못하고 있어. 그러니 이제부턴 너희들에게 25센트씩밖에 줄 수 없구나. 너희들도 이해하겠지?"

그러자 학생들 중의 대장격인 친구가 소리쳤다.

"코 묻은 25센트를 받으라구요? 고작 동전 하나를 받기 위해 우리더러 날마다 시간을 낭비하며 쓰레기통을 걷어차란 말예요? 정말 제정신이 아니시군요. 우린 그만두겠어요. 더 이상 계속할 수 없어요."

그리하여 노신사는 생애 마지막 날까지 평화와 정적을 누릴 수 있었다.

젠틀 스페이스 뉴스

4

자신의 꿈을 이루는 일에 대하여

미래는 자신의 꿈이 가치 있는 것임을

믿는 사람들의 것이다

엘리노어 루즈벨트

한 소년

한 소년이
별을 바라보다가
울기 시작했다.
그래서 별이 물었다.
아이야, 넌 왜 울고 있니?
소년이 말했다.
당신이 너무 먼 곳에 있어서
당신을 만질 수가 없잖아요.
별이 말했다.
아이야, 난 너의 가슴 속에 있어.
그렇기 때문에 넌 날 볼 수 있는 거야.

존 맥리올라

한 소녀의 꿈

그 약속을 지키는 데는 오랜 세월이 걸렸다. 하지만 꿈이란 원래 그런 것이 아닌가.

1950년대 초반에 남부 캘리포니아의 어느 마을에서의 일이었다. 한 어린 소녀가 여러 권의 책을 힘겹게 들고 가서 도서관 사서의 카운터 위에 올려놓았다.

소녀는 책벌레였다. 집에도 부모님이 많은 책들을 갖고 있었지만 소녀가 원하는 책이 언제나 있는 건 아니었다. 그래서 소녀는 주말마다 어김없이 도서관을 향해 걸어가곤 했다. 어린이 도서관은 노란색 건물이었는데, 건물 가장자리엔 갈색이 예쁘게 칠해져 있었다. 그러나 사실 방이 하나밖에 안 되는 그 건물은 도서관이라기보다는 작은 둥지에 불과했다. 소녀는 갈수록 더 두툼한 책을 찾아서 자주 그 둥지로 모험을 떠났다.

머리가 허연 도서관 사서는 열살 소녀가 고른 책에다 대여 날짜가 적힌 손도장을 찍어 주었다. 그때 소녀는 카운터 위에 눈에 잘 띄도록 진열되어 있는 〈신간 서적〉을 보았다. 부러움이 금방 소녀를 사로잡았다. 소녀는 다시금 책을 쓴다는 것이 얼마나 놀라운 일인가를 생각했다. 그리고 자신의 책이 세상에 나와서 이렇게 눈에 잘 띄는 곳에 진열된 사람은 얼마나 행복할까 하고 생각했다.

　바로 그날, 소녀는 자신의 인생 목표를 고백했다. 소녀는 도서관 사서에게 말했다.

　"이 다음에 크면 나도 작가가 될 거예요. 그래서 많은 책을 쓰겠어요."

　사서는 도장을 찍다 말고 미소를 지으며 소녀를 올려다보았다. 그리고는 어린이들이 곧잘 듣는 형식적인 격려가 아니라 진심 어린 마음을 갖고 소녀에게 말했다.

　"나중에 네가 책을 쓰거든 우리 도서관으로 가져오너라. 그러면 우리가 그 책을 바로 여기 이 카운터 위에다 잘 보이게 진열해 주마."

　소녀는 꼭 그렇게 하겠노라고 약속했다.

　소녀는 나이를 먹고, 소녀의 꿈도 마찬가지로 나이를 먹었다. 중학교 3학년 때 소녀는 첫 번째 글쓰기를 시작했다. 지방 신문에 간단한 인물 프로필을 써 주고 1달러 50센트씩을 받은 것이다. 자신의 글이 신문에 실린 마술 같은 일에 비하면 돈의 액수

쯤은 아무것도 아니었다.

책을 쓰는 일은 아직도 멀게만 느껴졌다.

고등학교 때 소녀는 학교 신문 편집일을 했다. 그리고 얼마 후 결혼을 했으며, 자신의 가정을 꾸려 나갔다. 하지만 글을 쓰겠다는 소망이 언제나 마음 깊은 곳에서 그녀를 쿡쿡 찔렀다. 그녀는 주간으로 발행되는 어느 신문에서 시간제 일자리를 얻었다. 학교 소식란을 그녀가 책임졌다. 아이들을 키우면서 그 일을 하느라 쉴 틈이 없었다.

하지만 아직 책은 탄생하지 않았다.

마침내 그녀는 자신에게 무엇인가 할 이야기가 있다고 믿게 되었다. 그래서 마침내 책을 쓰기 시작했다. 몇 달에 걸려서 완성한 원고를 두 곳의 출판사에 보냈지만 이내 거질당했다. 슬픈 마음으로 그녀는 원고를 서랍에 감췄다. 몇 해가 흘러 문득 옛날의 꿈이 되살아났다. 그녀는 다시 새로운 책을 썼다. 그리고 예전에 감춰 뒀던 원고까지 꺼냈다. 마침내 두 원고 모두 출판 계약이 이루어졌다.

그러나 책의 출판은 신문이 나오는 속도보다 훨씬 느렸다. 그녀는 그로부터도 2년을 더 기다려야 했다. 저자 증정본이 상자에 담겨 문 앞에 배달되는 날 그녀는 서둘러 포장을 뜯었다. 그리고 울음을 터뜨렸다. 자신의 꿈을 두 손에 받아들기까지 너무도 오랜 세월을 기다려야 했던 것이다.

그리고 그녀는 어렸을 때 도서관 사서가 한 말을 기억했다. 그리고 자신이 한 약속까지도.

물론 그 사서는 이미 오래 전에 세상을 떠난 뒤였다. 작은 도서관도 큰 건물로 완전히 달라져 있었다.

그녀는 도서관으로 전화를 걸어 책임자 되는 사서의 이름을 받아냈다. 그녀는 사서에게 보내는 편지에다 전임 사서가 어린 소녀에게 한 말이 얼마나 큰 의미를 지닌 것이었는가를 설명했다. 얼마 후면 그녀는 고등학교 졸업 30주년 기념 동창회에 참석하기 위해 그 마을로 갈 예정이었다. 그래서 가는 길에 도서관에 들러 책 두 권을 증정할 수 있게 해달라고 그녀는 편지에다 썼다. 열 살 소녀에게는 그것이 너무도 소중한 기억이었을 뿐 아니라, 책을 증정하는 것은 아이들에게 꿈을 심어 주는 모든 사서들에게 감사를 표시하는 일이기도 했다.

도서관 사서가 그녀에게 전화를 걸어 말했다.

"꼭 오세요. 기다리고 있을게요."

그래서 그녀는 자신의 저서 두 권을 들고 그곳으로 찾아갔다.

새로 지어진 큰 도서관은 옛 고등학교 길 건너편에 세워져 있었다. 그녀가 작가가 될 사람에게는 전혀 필요치 않을 것 같은 수학 문제와 씨름하던 교실 바로 맞은편이었다. 그녀가 살던 집 근처에 서 있던 시민회관을 헐고 이 커다란 도서관을 건립한 것이다.

안으로 들어가자 사서가 나와서 따뜻하게 그녀를 맞이했다. 사서는 인터뷰를 하기 위해 지방신문 기자와 함께 기다리고 있었다. 그녀가 오래 전에 글을 실어 달라고 애원하던 그 신문사의 기자였다.

그녀는 사서에게 자신의 저서들을 증정했다. 책을 받아든 사서는 그것들을 소개의 글과 함께 카운터 위에 세워 놓았다. 감격의 눈물이 그녀의 뺨을 타고 흘렀다.

그런 다음 그녀는 사서를 한 번 포옹하고 나서 도서관을 나섰다. 떠나기 전에 그녀는 도서관 앞에서 기념 촬영을 했다. 꿈은 실현될 수 있으며 약속은 지켜질 수 있다는 것을 그 사진이 말해 줄 터였다. 비록 38년이란 긴 세월이 흐른 뒤일지라도.

열 살 먹은 소녀와, 작가가 된 그녀가 나란히 도서관 팻말 앞에서 포즈를 취했다. 그 팻말 옆 게시판에는 큼지막하게 이렇게 적혀 있었다.

잔 미첼
돌아온 걸 환영해요!

잔 미첼

어느 세일즈맨의 첫 번째 판매

당신의 꿈을 하찮은 것으로 만들려는 사람들을 가까이 하지 말라. 소인배들은 언제나 그렇게 한다. 그러나 진정으로 위대한 사람들은 당신 역시 위대해질 수 있음을 느끼게 한다.

마크 트웨인

1993년 가을이 깊어져 가는 어느 토요일 오후에 나는 서둘러 집으로 돌아왔다. 앞마당에 할 일이 태산 같았기 때문이다. 낙엽을 갈퀴로 긁어 모으고 있는데 일곱 살짜리 우리 아들 녀석이 곁에 와서 내 바지를 잡아당겼다.

"아빠, 종이판 하나만 만들어 줘요."

내가 말했다.

"나중에 하자, 닉. 지금은 너무 바빠."

닉은 고집을 부렸다.

"아빠, 지금 당장 종이판이 필요하단 말예요."

내가 물었다.

"뭣 땜에 그러니?"

닉이 대답했다.

"내가 가진 돌들을 팔려구요."

닉은 어려서부터 돌을 수집하는 일에 열성적이었다. 사방에서 돌들을 주워 모으고, 사람들이 갖다 주기도 했다. 차고의 상자 안에는 돌들이 가득했다. 닉은 정기적으로 그것들을 닦고, 분류하고, 다시 쌓아 두었다. 그것들은 닉의 보물이었다.

난 말했다.

"지금 아빠는 그런 일에 신경쓸 여유가 없어, 닉. 오늘 중으로 이 낙엽들을 다 치워야 해. 엄마한테 가서 도와달라고 해라."

조금 있다가 닉이 종이판 한 장을 들고 돌아왔다. 거기엔 일곱 살 먹은 글씨체로 이렇게 적혀 있었다.

〈오늘 세일함-1달러〉

아이의 엄마가 판때기 만드는 일을 거둘어준 모양이었다. 그것을 들고 닉은 사업 전선에 나섰다.

작은 바구니 하나와 자신이 좋아하는 돌 네 개를 들고 닉은 집 앞 도로로 걸어나갔다. 그곳에다 한 줄로 돌들을 늘어놓은 뒤 닉은 바구니 옆에 앉았다. 나는 닉의 행동이 하도 재밌어서 멀찌감

치서 지켜보았다.

반 시간이 흐르도록 지나가는 사람이 단 한 명도 없었다. 나는 다가가서 닉이 뭘 하고 있는가 보았다.

내가 물었다.

"잘 돼 가니, 닉?"

닉이 대답했다.

"그럭저럭요."

내가 다시 물었다.

"그 바구닌 뭣에 쓸 거니?"

닉은 당연한 걸 묻느냐는 투로 대답했다.

"돈을 넣으려구요."

"돌 하나에 얼마씩 받을 생각이지?"

닉이 대답했다.

"하나에 1달러씩요."

"닉, 돌 하나에 1달러씩이면 아무도 사려고 하지 않을 거야."

"아녜요. 분명히 살 거예요!"

"닉, 우리 집 앞으로는 네 돌을 구경할 만한 사람들이 별로 지나다니지 않아. 도로 갖다 놓고 놀이나 하지 그러니?"

닉이 항의했다.

"그렇지 않아요. 분명히 살 사람이 지나갈 거예요. 걸어가는 사람도 있을 테고, 자전거를 타고 운동을 하며 지나가는 사람도 있고, 차를 타고 집들을 구경하러 오는 사람도 있을 거예요. 사람들은 얼마든지 있어요."

닉에게 소용없는 짓 그만두라고 하고 싶었지만 결국 설득에 실패하고 나는 마당 치우는 일로 돌아갔다.

닉은 끈기 있게 그 자리를 지켰다. 한참 뒤 소형 미니밴 한 대가 길 아래쪽으로 미끄러져 내려왔다. 내가 일손을 멈추고 지켜보고 있자니, 닉은 차를 향해 종이판을 높이 쳐들었다. 차가 속도를 줄이면서 젊은 부부가 목을 내밀어 종이판에 적힌 글을 읽었다. 차는 막다른 골목까지 내려갔다가 다시 닉 쪽으로 다가오더니 여자가 창문을 내렸다. 난 그들의 대화를 들을 수 없었지만 여자가 남자에게 고개를 돌리자 남자가 지갑을 꺼내는 것이 아닌가! 남자가 여자에게 1달러 지폐를 건네고, 여자는 차 밖으로 걸어나와 닉에게 다가갔다. 돌들을 이것저것 만져 보더니 여자는 그중 하나를 집어들고 닉에게 1달러를 건넨 뒤 그곳을 떠났다.

나는 놀란 나머지 마당에 주저앉았다. 닉이 내게로 쏜살같이 달려왔다. 돈을 흔들며 닉이 소리쳤다.

"제가 1달러에 돌을 팔 수 있을 거라고 했잖아요. 자신을 믿으면 무엇이든지 할 수 있다구요!"

나는 집 안으로 들어가 카메라를 갖고 나왔다. 그래서 닉과 그 종이판을 사진에 담아 두었다. 어린 녀석이 자신 속에 강한 믿음을 갖고, 자신이 무엇을 할 수 있는가를 보여 주었던 것이다. 그것은 아이들을 어떻게 키워야 하는가에 대한 큰 교훈이었다. 우린 그 일을 통해 많은 걸 배웠으며, 오늘날까지도 그 일에 대해 얘기하곤 한다.

그날 느지막이 나는 집사람과 닉을 데리고 저녁 외식을 하러 나갔다. 돌아오는 길에 차 안에서 닉이 묻기를, 자기한테 정기적으로 용돈을 줄 수 없느냐는 것이었다. 아이의 엄마는 용돈은 직접 벌어서 써야 한다면서 닉이 집안에서 도울 수 있는 일이 뭔가 생각해 보자고 말했다. 그러자 닉이 말했다.

"좋아요. 그런데 일주일에 얼마씩 주실 거죠?"

집사람이 말했다.

"일곱 살이니까, 일주일에 1달러씩이면 어떨까?"

그러자 뒷좌석에서 당장에 볼멘소리가 터져나왔다.

"일주일에 1달러라구요? 그 정도면 돌멩이를 팔아서도 얼마든지 벌 수 있다구요!"

롭, 토니, 닉 해리스

다시 그 정원을 거닐자

우리가 진정으로 누군가를 도울 때 그것은 곧 우리 자신을 돕는 일이 된다. 이것은 하나의 법칙이며, 삶이 우리에게 가져다 주는 가장 아름다운 보상이다.

랄프 왈도 에머슨

나는 동료 캐나다인들에게 부동산을 잘 사고 파는 일에 대해 가르치는 전문 강사이다. 내 강의를 들은 첫 번째 졸업생들 중에 로이라는 이름의 경찰관이 있었다. 로이는 가장 감동적인 방식으로 내 교육을 실천에 옮겼다.

이야기는 로이가 내 강의에 참가하기 여러 해 전부터 시작된다. 순찰을 돌 때마다 로이는 협곡을 내려다보는 5백 평 규모의 대저택에서 살고 있는 노인 한 분을 방문하곤 했다. 노인은 그곳에서 거의 평생을 보낸 분이라서 그 집의 전망과 오래된 나무들, 골짜기로 흐르는 시냇물 등을 무척 아꼈다.

로이는 일주일에 한두 번씩 그곳에 들러 노인의 안부를 확인했다. 그럴 때마다 노인은 로이에게 차를 대접했다. 두 사람은 마주 앉아 이런저런 얘길 나누거나 몇 분 동안 정원을 함께 산책하곤 했다. 한 번은 로이가 들렀더니 슬픈 소식이 기다리고 있었다. 노인은 눈물을 글썽이며 자신의 건강이 점점 나빠져서 그 아름다운 집을 팔고 양로원으로 가야만 하겠다고 말했다.

바로 이 무렵 로이는 내 강의를 들었다. 로이는 강의 중에 배운 창조적인 방법을 활용하면 이 대저택을 자신이 구입할 수 있지 않을까 하는 약간 정신 나간 생각을 갖게 되었다.

노인은 집 값으로 30만 달러를 원했다. 집은 어디에도 저당 잡혀 있지 않았다. 한편 로이는 저축한 금액이 고작 3천 달러에 불과했다. 그 무렵 로이는 집세로 매달 5백 달러씩을 내고 있었고, 정상 수준의 경찰관 봉급을 받고 있었다. 노인과 희망에 찬 경찰관 사이에 어떤 거래가 성립한다는 것은 거의 불가능한 일이었다. 사랑의 힘이라는 계산을 거기에 넣지 않는다면 거의 불가능한…….

로이는 내 강의에서 들은 얘기가 기억났다. 부동산 소유주가 진정으로 자신에게 팔고 싶어하도록 만들라는 것이었다. 방법을 생각한 끝에 로이는 마침내 해답을 발견했다. 그 집을 판 다음에 노인이 가장 못 잊어 할 것은 바로 그 집 정원을 산책하는 일일 터였다.

로이는 무심결에 불쑥 말했다.

"만일 노인장께서 제게 집을 파신다면 매달 일요일을 택해 한 두 번씩 노인을 모시고 이 정원으로 와서 옛날처럼 저와 함께 산책을 하실 수 있도록 해드리겠습니다."

그 말을 듣는 순간 노인의 얼굴이 기쁨으로 빛났다. 노인은 그 자리서 로이에게 구매 조건을 제시하면 서명을 하겠노라고 말했다. 로이는 자신이 내놓을 수 있는 액수 전부를 적었다. 집 값은 30만 달러로 하기로 했다. 선불은 3천 달러로 하고, 나머지 29만 7천 달러에 대한 이자로 로이가 매달 5백 달러씩 지불하기로 했다. 노인은 대단히 기뻐하며 기념 선물로 집 안에 있는 모든 골동품 가구들을 주기로 했다. 거기엔 소형 그랜드 피아노도 포함되어 있었다.

로이는 도저히 믿기지 않는 경제적인 승리를 거두었지만, 진정한 승자는 바로 그 행복한 노인이었다. 그리고 두 사람이 나눈 애정 어린 인간 관계가 그것을 가능하게 한 것이다.

레이먼드 L. 아론

마음속의 18홀

제임스 네스멧 소령은 골프를 좋아했는데, 좀처럼 실력이 늘지 않았다. 하지만 그는 자신의 목표를 달성할 독특한 방법을 발전시켰다. 이 방법을 사용하기 전까지는 그는 단지 90타 중간 정도에 머무는 평균적인 주말 골퍼에 지나지 않았다. 또한 지난 7년 동안 완전히 골프를 중단했었다. 골프채를 단 한 차례도 손에 쥐어 보지 않았다. 구장에 발을 들여 놓은 적도 없었다.

역설적이게도, 네스멧 소령이 자신의 골프 실력을 놀랄 정도로 끌어올린 것은 바로 이 7년 동안의 휴식기를 통해서였다. 우리 모두 네스멧 소령이 고안해 낸 방법으로부터 배울 점이 많다. 오랜 휴식기를 마치고 골프장에 나가 최초로 경기에 참가했을 때 그는 놀랍게도 74타를 때렸다. 7년 동안 골프채 한 번 휘둘러 보지 않고서도 평균 타수를 20타나 향상시킨 것이다. 도저히 믿어지지 않는 일이었다. 뿐만 아니라 그 7년 동안에 그의 신체적인 조건은 전보다 훨씬 불리해져 있었다.

네스멧 소령이 사용한 비결은 무엇인가? '상상을 통한 시각화'가 바로 그것이었다.

사실 네스멧 소령은 그 7년을 북부 베트남에서 포로로 붙잡혀 수용소에 갇혀서 보냈다. 그 7년 동안 소령은 150센티미터 길이에 폭 120센티미터, 높이 50센티미터의 새장 같은 감방에 감금되어 있었다.

갇혀 있는 동안 거의 내내 소령은 아무도 만날 수 없었고, 아무와도 대화를 나눌 수 없었으며, 운동조차 해본 적이 없었다. 처음 서너 달 동안에는 석방되기를 희망하고 기도하는 일밖에는 달리 아무것도 할 수 없었다. 그러다가 그는 자신의 생각을 집중시킬 어떤 일을 찾지 않으면 정신병자가 되거나 목숨을 잃을지도 모른다는 걸 깨달았다. 그가 상상을 통한 시각화를 배운 것이 이때였다.

그는 마음속에서 자신이 가장 좋아하는 골프장을 선택해 골프 경기를 펼쳐 나가기 시작했다. 매일같이 상상 속의 컨트리 클럽에서 18홀 전체를 풀 코스로 경기를 펼쳤다. 그는 모든 상황을 아주 세부적인 것까지 마음속에서 그려 나갔다. 골프 복장을 하고 있는 자신의 모습을 상상하고, 골프장에 늘어선 나무들과 새로 깎은 잔디에서 나는 냄새까지도 상상했다. 그리고 날마다 다른 기후 조건을 상상했다. 바람 부는 봄날, 을씨년스런 겨울날, 그리고 햇빛이 화창한 여름날 아침……. 티(공을 치기 시작할 때 공을 올려 놓는 자리)와 잔디 하나하나, 나무들, 지저귀는 새들, 재빨리 움직이는 다람쥐들, 코스의 지형들이 그의 상상 속에서 실제 그대로 재현되었다.

마침내 그는 손에 잡은 골프채의 감촉까지도 느낄 수 있었다. 공을 칠 때의 스윙 자세와 타구의 마지막 동작까지 연습하면서 자신을 교정해 나갔다. 그런 다음 공이 곡선을 그리며 페어웨이의 한복판에 떨어져서 두세 번 튕기다가 자신이 노린 정확한 지점에 가서 멈추는 걸 지켜보았다.

그는 조금도 서두를 필요가 없었다. 달리 갈 곳도 없었다. 느긋한 마음을 갖고 마치 자신이 실제로 골프장에 있는 것처럼 한 걸음 한 걸음 느끼면서 공을 향해 걸어갔다. 그래서 18홀을 다 도는 것을 상상하는 데는 실제의 현실 세계에서 걸린 것과 똑같은 시간이 걸렸다. 어느 것 하나 세부적으로 놓치지 않았다. 한 번도 미스 샷을 날리지 않았고, 한 번도 잘못 깎아치거나 공의 모서리를 치지도 않았다. 퍼트(그린에서 홀을 향해 가볍게 치는 것)에서 실수를 범한 적도 없었다.

그렇게 일주일에 7일을, 매일 4시간씩 18홀을 돌았다. 7년이란 긴 세월을! 그리하여 마침내 석방된 뒤 실제로 골프채를 잡았을 때 그는 20타가 향상된 74타를 쳐냈다.

작자 미상

목표에서 눈을 떼지 말라

앞을 내다봤을 때 플로렌스 채드윅은 두껍게 드리워진 안개 장벽밖에 볼 수 없었다. 몸이 얼어붙었다. 거의 16시간 가까이 헤엄을 치고 있었다.

플로렌스는 이미 영국 해협을 왕복으로 헤엄쳐서 건넌 최초의 여성이었다. 지금 서른네 살의 나이에 그녀가 세운 또 다른 목표는 카탈리나 섬에서 캘리포니아 해안까지 수영으로 횡단한 최초의 여성이 되는 것이었다.

1952년 7월 4일 그날, 바다는 얼음으로 채워진 욕조 같았고, 안개가 어찌나 짙은지 그녀를 호위하는 보트들마저 시야에 들어오지 않았다. 상어떼들이 홀로 남겨진 그녀의 형체를 보고 주위를 맴돌았다. 그놈들을 쫓아 버리려면 총을 쏴야만 했다. 그녀는 바다의 혹독한 손아귀에 대항해 싸웠다. 한 시간, 한 시간이 그렇게 흘러갔다. 그러는 동안 백만 명이 넘는 사람들이 텔레비전 중계를 지켜보고 있었다.

플로렌스를 뒤따르는 보트 위에서 어머니와 트레이너가 그녀에게 기운을 불어넣었다. 그들은 그녀에게 이제 얼마 남지 않았다고 소리쳤다. 하지만 눈에 보이는 거라곤 안개뿐이었다. 그들은 그녀에게 중단하지 말라고 소리쳤다. 물론 그녀는 포기할 생각이 없었다. 하지만 5백 미터 정도를 더 가고 나서 그녀는 배 위로 올려달라고 요청했다.

몇 시간 뒤, 아직도 얼어붙은 몸을 녹이며 플로렌스는 방송 기자에게 말했다.

"변명을 하려는 건 아녜요. 하지만 만일 육지가 보이기만 했어도 난 끝까지 해냈을 거예요."

그녀를 패배시킨 것은 추위나 피로감이 아니었다. 그것은 안개였다. 안개 때문에 그녀는 자신의 목표를 볼 수가 없었던 것이다.

두 달 뒤에 플로렌스는 다시 도전했다. 이번에도 똑같은 짙은 안개가 시야를 가렸지만, 그녀는 상상을 통해 마음속에 분명하게 그려 갖고 있는 자신의 목표, 그리고 강한 확신을 갖고 헤엄을 쳤다. 그녀는 저 안개 뒤편 어딘가에 육지가 있음을 상상했으며, 이번에는 해낼 수 있었다. 그리하여 플로렌스 채드윅은 카탈리나 해협을 헤엄쳐서 건넌 최초의 여성이 되었다. 그것도 남자가 세운 기록을 두 시간이나 단축시키면서!

작자 미상

미첼 보르바 제공

카우보이 스토리

처음으로 원거리 통신 사업을 시작했을 때 나는 사업을 확장하기 위해 나를 도와줄 판매 직원들이 필요했다. 그래서 유능한 판매 직원을 모집한다는 광고를 내고 지원자들의 면접을 보기 시작했다. 내가 마음속에 두고 있는 판매 직원은 텔리마케팅 통신 사업에 많은 경험이 있고, 그 분야의 시장을 잘 알며, 다양한 형태의 관련 시스템에 정통한 사람이었다. 또한 전문가적인 자세와 셀프 스타터(자발적으로 계획을 실행하는 사람)의 기질을 갖춘 사람이었다.

유능한 판매 직원이 되기를 희망하는 지원자들과 지루한 면접을 계속하고 있던 중에 카우보이 한 사람이 내 사무실로 뚜벅뚜벅 걸어들어왔다. 난 그의 복장을 보고 그가 카우보이인 걸 알았다. 코듀로이 바지에 코듀로이 재킷을 입고 있었으며, 재킷은 바지와 어울리지도 않았다. 그리고 똑딱 단추가 달린 반소매 셔츠에, 내 주먹보다 큰 매듭의 넥타이는 가슴 중간까지만 내려와 있었다. 신발은 당연히 카우보이 부츠이고, 거기에 모자는 야구모자였다. 그를 보는 순간 내 머릿속에 어떤 생각이 떠올랐는지 당신도 상상이 갈 것이다. 나는 생각했다.

"내 새로운 사업 구상과는 전혀 어울리지 않는 친구가 왔군."

카우보이는 내 책상 앞에 앉더니 모자를 벗으며 말했다.

"사장님, 저에게 통신 상업 분야에서 성공할 기회를 주신다면 감사하겠습니다."

이것이 그가 말한 정확한 내용이다. 그는 '통신 사업'이라고도 하지 않고 '통신 상업'이라고 했다.

나는 그 친구의 기분을 상하지 않으려고 조심하면서, 어떻게 하면 그가 내 마음속에 두고 있는 타입의 사람이 아님을 전달할 수 있을까 궁리했다. 나는 그의 배경에 대해 물었다. 그는 자신이 오클라호마 주립 대학 농업학과를 졸업했으며, 지난 몇 년간 여름철에만 오클라호마의 바틀스빌에서 목장 막일꾼으로 일했다고 말했다. 그러면서 그는 이제 그 모든 것에 끝장을 냈고, 자기는 '상업'에서 성공할 준비가 되었으며, '기회를 주면 감사하겠습다'라는 것이었다.

우리는 계속 얘기를 주고받았다. 그는 성공에 대한 강한 확신을 갖고 있었다. 또한 기회를 주면 '너무도 감사하겠습다' 는 진실한 자세를 갖고 있었다. 그래서 나는 그에게 기회를 주기로 결정했다. 난 그에게 이틀의 기간을 주겠다고 말했다. 그 이틀 동안 아주 소규모의 통신망 하나를 파는 데 필요한 모든 지식을 가르쳐 주겠다고 했다. 그는 자신이 얼마를 벌어들일 수 있다고 생각하느냐고 내게 물었다.

난 말했다.

"당신의 복장에다 현재 가진 지식 정도로는 한 달에 올릴 수 있는 수입이 아무리 많이 잡아도 1천 달러밖에 안 될 거요."

나는 그 이유를 설명했다. 그가 판매하는 소규모 통신망 하나에서 받을 수 있는 평균 커미션은 시스템 당 대략 250달러다. 따라서 매달 1백 명의 고객을 만난다고 한다면, 그 중에서 4명의 고객에게 통신망을 판매할 수 있을 것이다. 통신망 4개를 팔면 1천 달러를 버는 것이다. 난 기본급 없이 실적 수당만 주기로 하고 그를 채용했다.

그는 그것이 매우 괜찮은 수입이라고 말했다. 전에 목장에서 막일꾼으로 일할 때는 한 달에 4백 달러를 받았다는 것이었다. 그리고 자신은 이제 돈을 벌 준비가 되어 있다고 말했다. 이튿날 아침, 나는 전혀 사업 경험이라곤 없으며 통신 사업이나 세일즈 경험조차 전무한 스물두 살의 카우보이를 붙들어 앉혀 놓고 '통신 상업' 에 대한 기본 지식을 가능한 한 많이 구겨넣었다. 그는 어디로 봐도 원거리 통신 사업의 전문적인 판매 사원이 될 성싶지 않았다. 사실 그는 내가 원하는 직원으로서의 자질을 전혀 갖추고 있지 않았다. 단 한 가지를 제외하고는. 그것은 다름 아닌 그가 갖고 있는 믿을 수 없을 정도의 성공에 대한 확신이었다.

이틀간의 기본 교육이 끝날 무렵 카우보이(난 그 당시 그를 그렇게 불렀고 지금도 여전히 그렇게 부르고 있다)는 자신의 칸막이 방으로 가서 종이 한 장을 갖고 왔다. 그리고 그 위에다 다음 네 가지 사항을 적었다.

1. 나는 사업에 성공할 것이다.
2. 나는 한 달에 1백 명의 고객을 만날 것이다.
3. 나는 한 달에 4개의 통신망을 팔 것이다.
4. 난 한 달에 1천 달러를 벌 것이다.

그는 이 종이를 자신의 칸막이 방의 벽에 붙여 놓고 일을 시작했다.

처음 1개월 동안 그는 4개의 통신망을 판매하지 않았다. 오히려 처음 열흘만에 7개의 통신망을 판 것이다.

첫 해가 지났을 때 카우보이는 1만 2천 달러의 커미션을 벌어들이지 않았다. 오히려 6만 달러의 커미션을 벌었다.

정말로 믿어지지 않았다. 하루는 그가 내 사무실로 걸어들어와 통신망을 판 계약서와 금액을 내밀었다. 나는 그에게 어떤 방법으로 그것을 팔았는가 물었다. 그는 말했다.

"난 그 여자에게 이렇게 말했습다. '부인, 전화가 울리기만 하면 받으면 됩니다. 그러니 부인이 갖고 있는 어떤 것보다 죽여 주는 거죠!' 그러자 여자는 당장에 사겠다고 하더군요."

그 여성은 통신망 구매 요금을 전부 수표로 지불했지만 카우보이는 내가 수표를 받을지 어떨지 몰라서 그녀를 은행까지 태우고 가서 그녀의 손으로 직접 현금으로 바꾸게 했다는 것이었다. 내게 천 달러 지폐들을 내밀면서 카우보이가 물었다.

"사장님, 제가 잘 했습까?"

나는 그에게 정말로 잘 했다고 확인시켜 주었다.

3년 뒤 카우보이는 내 회사의 절반을 소유했다. 이듬해엔 그 자신이 세 개의 다른 회사를 소유했다. 이 무렵부터 우리는 동업자로 일하기 시작했다. 그는 3만 2천 달러짜리 검은색 픽업 트럭을 몰았고, 6백 달러짜리 카우보이 양복, 5백 달러짜리 카우보이 부츠, 그리고 3캐럿짜리 말굽 모양의 다이아몬드 반지를 손에 끼고 다녔다. 그는 마침내 '상업'에서 성공한 것이다.

무엇이 카우보이를 성공하게 했는가? 그가 열심히 일했기 때문인가? 물론 그것도 도움이 되었다. 그가 남들보다 똑똑했기 때문인가? 그렇지 않다. 그는 시작 당시 통신 사업에 대해 아무것도 모르고 있었다. 그렇다면 무엇인가? 나는 그것이 그가 〈성공을 위한 방법론〉을 알고 있었기 때문이라고 믿는다. 그것은 다음과 같은 것이다.

그는 성공하는 것에 온 마음을 쏟았다. 그는 자신이 무엇을 원하는가를 알았고, 그것을 추구했다.

그는 책임을 졌다. 그는 자신이 어떤 처지에 있으며, 누구이고, 무엇(목장 막일꾼)인가를 알았다. 그리고 그 모든 것이 자신의 책임이라는 걸 알았다. 그래서 그는 그 모든 것을 바꾸기 위한 행동에 나섰다.

그는 결심을 했다. 그는 오클라호마 바틀스빌의 목장을 떠날 결심을 했다. 그래서 성공할 기회를 붙잡기로.

그는 달라졌다. 똑같은 방식의 일을 계속하면서 결과가 달라지기만을 기다릴 수 없었다. 그래서 그는 자신이 성공하기 위해선 무슨 일을 할 필요가 있는가 생각했고, 또 기꺼이 그 일에 뛰어들었다.

그는 앞날에 대한 비전과 목표가 있었다. 그는 자신이 성공하리라는 걸 믿었다. 또 구체적인 목표를 종이에 적었다. 자신이 이루고자 하는 네 가지 사항을 종이에 써서 책상 앞에 붙여 놓았다. 그는 날마다 그 목표들을 읽었으며, 그것을 이루겠다는 신념에 초점을 맞췄다.

그는 목표를 향해 행동해 나갔고, 상황이 어려울 때에도 포기하지 않았다.

그에게 모든 것이 항상 쉬웠던 것은 아니다. 그에게도 다른 사람들과 마찬가지로 슬럼프가 찾아왔다. 내가 아는 어떤 판매 사원들보다 더 많이 그는 문 앞에서 쫓겨나는 수모를 겪었고, 일방적으로 전화가 끊기는 일이 허다했다. 하지만 그는 결코 중단하지 않았다. 계속해서 앞으로 나아갔다.

그는 부탁했다. 그가 부탁을 했다구! 그렇다. 처음 만났을 때 그는 나에게 기회를 달라고 부탁했다. 그런 다음 그는 거리에서 만나는 거의 모든 사람들에게 통신망을 사달라고 부탁했다. 그리고 그의 부탁은 반응을 불러왔다. 그가 즐겨 표현한 대로 '눈 먼 돼지조차도 가끔은 도토리를 발견하기 마련'인 것이다. 그것은 간단히 말해 당신이 진심으로 부탁을 하면 결과적으로 누군가는 들어준다는 것이다.

그는 마음을 쏟았다. 그는 나에 대해, 그리고 자신의 고객들에 대해 마음을 쏟았다. 자신에 대해 마음을 쏟는 것보다 주위 사람들에게 더 마음을 쏟을 때 결국 자신에 대해선 걱정할 필요가 없다는 사실을 그는 발견했다.

그리고 무엇보다도 카우보이는 매일 아침을 승리자로서 시작했다. 그는 항상 왠지 좋은 일이 일어날 것 같다는 기대를 갖고 문을 나섰다. 어떤 일이 일어나는가에 상관없이 일들이 자신의 편에 유리하게 전개되리라고 믿었다. 그는 결코 실패를 내다보지 않았다. 오직 성공만을 내다봤다. 우리가 성공을 기대하고, 그 기대에 맞춰 행동할 때 거의 언제나 성공하게 된다는 사실을 나는 그를 통해 알았다.

카우보이는 수백만 달러를 벌었다. 그는 또 그 모든 걸 손해보기도 했지만, 그것은 또다시 그만큼을 벌기 위해서였다. 내 삶에서와 마찬가지로 지금까지 그의 삶에는 성공의 원리가 작용해 왔다. 우리가 그 원리를 알고 실천에 옮기기만 하면 그 원리는 언제든지 우리에게 작용한다.

당신은 내 친구 카우보이에게서 배울 게 있을 것이다. 그는 당신을 성공으로 이끄는 것이 환경이나 교육이나 기술적인 면이나 능력이 아님을 입증해 주는 산 증인이다. 우리를 성공하게 만드는 것은 우리가 너무도 쉽게 넘겨 버리고 당연히 여기는 그 원리인 것이다. 그것이 바로 〈성공을 위한 방법론〉이다.

래리 윙겟

왜 기다리는가?

가장 큰 문제는 당신이 지금 그 모험을 진정으로 원한다고 말할
수 있는가 하는 것이다.

조셉 캠벨

아버지는 내가 현재의 모습으로 살아가는 데는 틀림없이 신의
뜻이 담겨 있을 것이라고 말씀하셨다. 난 이제 그 말씀을 조금씩
이해하고 있다.

난 항상 문제를 스스로 해결하는 그런 종류의 아이였다. 캘리
포니아의 아름다운 해변 도시 라구나 비치에서 나는 성장했으며
파도타기와 운동을 즐겼다. 하지만 내 나이 또래의 아이들 대부
분이 텔레비전과 해안가만 생각할 때 나는 보다 독립적인 인간이
될 생각과 나라 전역을 여행할 계획, 그리고 미래에 대한 설계를

시작했다.

나는 열 살부터 일을 했다. 열다섯 살이 될 무렵엔 방과 후에 두세 군데의 직장에서 일을 했다. 그래서 새 오토바이를 살 수 있는 충분한 돈을 모았다. 난 오토바이 타는 법도 몰랐다. 현금 지불을 하고 오토바이를 산 뒤 1년 기간의 완벽한 보험에 가입하고 나서야 나는 주차장으로 가서 오토바이 타는 법을 배웠다. 8자 모양으로 15분을 달려서야 겨우 집에 도착했다. 난 그때 열다섯 살 반이었고, 운전면허증을 막 딴 뒤였다. 그리고 내게는 새 오토바이가 있었다. 그것은 내 삶을 바꿔 놓았다.

나는 주말의 폭주족들과는 거리가 멀었다. 난 다만 오토바이 타는 것이 좋았다. 매일 시간이 날 때마다, 기회가 주어질 때마다, 하루에 평균 150마일을 오토바이 위에서 보냈다. 구불거리는 산길에서 오토바이를 달리며 바라보는 일몰과 일출 광경은 특히 더 아름다웠다. 지금도 나는 눈을 감기만 하면 내 몸 아래서 진동하는 오토바이를 느낄 수 있다. 그것은 너무도 자연스러워서 걷는 것보다 더 친밀한 느낌을 주었다. 오토바이를 달리고 있으면 얼굴에 스치는 시원한 바람이 완벽한 휴식의 감정을 갖다 주었다. 바깥의 툭 트인 도로를 탐험하는 한편 나는 마음속으로는 내가 어떤 삶을 살기 원하는가 생각했다.

2년 동안 다섯 대의 오토바이를 새로 구입하면서 나는 캘리포니아의 모든 도로를 달렸다. 난 매일 밤 오토바이 잡지를 읽었다.

하루는 잡지에 실린 BMW 오토바이 광고가 내 눈을 사로잡았다. 진흙 투성이의 오토바이 한 대가 군용 자루 가방 하나를 뒤에 싣고 〈알래스카에 오신 걸 환영합니다〉라고 적힌 거대한 입간판 앞 진창길에 세워져 있었다. 1년 뒤 나는 훨씬 더 진흙투성이인 오토바이를 타고 똑같은 입간판 앞에서 사진을 찍었다. 그렇다. 그것이 바로 나였다. 열일곱 살에 오토바이를 타고 혼자서 진창길투성이인 고속도로를 1천 5백 킬로미터나 달려 알래스카로 갔던 것이다.

7주에 걸쳐 2만 7천 킬로미터에 이르는 캠핑 모험을 떠나기에 앞서 내 친구들은 나더러 미쳤다고 말했다. 부모님은 나더러 기다리라고 말했다. 미쳤다구? 기다리라구? 무엇 때문에? 어린애였을 때부터 나는 오토바이를 타고 미 대륙을 횡단하겠다는 꿈을 갖고 있었다. 어떤 강한 것이 내 안에서 만일 지금 이 여행을 떠나지 않으면 앞으로도 결코 떠날 수 없을 것이라고 말했다. 뿐만 아니라, 지금이 아니면 언제 시간이 나겠는가? 조만간 난 대학에 진학해야 하고, 그 다음엔 직장을 구할 것이고, 언젠가는 가정을 꾸려나갈 것이다. 나는 그 여행 계획을 세운 이유가 단지 기분을 충족시키기 위한 것인지, 아니면 마음속에서 그것이 나를 소년에서 한 남자로 탈바꿈시켜 줄 것이라고 느꼈기 때문인지 알 수 없었다. 하지만 그해 여름 내가 분명히 알고 있었던 것은, 내 자신이 지금 인생의 가장 중요한 모험을 시작하려 하고 있다는 것이었다.

나는 모든 일자리를 그만두었다. 그리고 아직 17세였기 때문에 어머니에게서 이번 여행을 허락한다는 승락서를 받아 호주머니에 넣었다. 주머니에 든 1천 4백 달러, 군용 자루 가방 두 개, 오토바이 뒷자리에 끈으로 동여맨 지도가 가득 든 신발 상자, 펜처럼 생긴 손전등, 그리고 충분한 열의---그런 것들을 갖고서 나는 알래스카와 동부 해안을 향해 출발했다.

나는 수많은 사람들을 만났다. 다듬어지지 않은 아름다움과 소박한 생활 방식을 즐겼으며, 모닥불을 지펴 밥을 해 먹으면서 내게 이런 기회를 주신 것에 대해 날마다 신께 감사드렸다. 때로 이삼 일 동안 아무도 만나지 못하고 아무 말소리도 듣지 못한 적도 있었으며, 다만 끝없는 침묵 속에서 헬멧에 와서 부딪는 바람만을 느끼며 달린 적도 있었다. 이발도 하지 못했고, 야영장에서 얼음처럼 차가운 물로 샤워를 했으며, 몇 차례나 일정에도 없이 곰과 마주쳤다. 거대한 모험이었다!

그 이후 몇 차례 더 여행을 했지만 어떤 것도 그 여름의 여행에 비교할 수 없었다. 그것은 언제까지나 내 인생 속에 특별한 자리로 남아 있다. 다시는 그때 그 여행에서 했던 것과 똑같은 방식으로 도로와 산맥, 삼림지대와 빙하 녹은 물을 탐험하며 여행할 순 없으리라. 다시는 그것과 똑같은 방식으로 똑같은 여행을 떠날 순 없으리라. 왜냐하면 스물세 살 때 나는 오토바이를 타고

라구나 비치 도로를 달리던 중 술에 만취한 마약 중개인의 차에 치여 허리 아래 부분을 쓸 수 없게 되었기 때문이다.

사고를 당할 무렵 나는 신체적으로나 정신적으로나 더없이 건강한 청년이었다. 정식 경찰관으로 근무하던 나는 그때 일과를 마치고 내 오토바이를 타고 귀가 중이었다. 난 그 무렵 이미 결혼한 몸이었고, 재정적으로도 안전했다. 내가 그 모든 걸 해낸 것이다. 그런데 불과 1초도 안 되는 사이에 내 인생 전체가 뒤바뀌어 버렸다. 그 후 나는 병원에서 8개월을 보냈으며, 이혼을 했고, 전과 똑같은 식으로는 직장일을 할 수 없음을 알았다. 만성적인 통증과 싸우며 휠체어 다루는 법을 배우면서 나는 내가 가졌던 미래에 대한 모든 꿈들이 내 손길이 가닿지 않는 곳으로 멀어져 가는 걸 보았다. 다행히도 주위 사람들의 도움과 지원이 나로 하여금 새로운 꿈을 갖게 했다.

내가 떠났던 그 모든 여행들, 내가 스치고 지나간 그 모든 길들을 회상할 때, 내 자신이 그런 여행을 해낼 수 있었다는 것이 얼마나 큰 행운인가 하고 나는 생각한다. 오토바이를 탈 때마다 나는 항상 내 자신에게 말하곤 했었다.

"지금 실천하라. 설령 네가 지금 공해로 가득한 도시의 네거리를 지나고 있을지라도 네 주위의 모든 풍경을 즐겨라. 왜냐하면 넌 똑같은 장소에 두 번 다시 있을 수 없고, 똑같은 일을 두 번 다시 할 수 없기 때문이다."

내 사고 이후, 아버지는 내가 하반신 불수가 된 데는 분명히 신의 뜻이 담겨 있을 것이라고 말씀하셨다. 난 그 말을 믿는다. 그 사고는 나를 더욱 강한 사람으로 만들었다. 나는 사무직 경찰관으로 돌아갔고, 집을 샀으며, 재혼을 했다. 또 내 자신의 컨설팅 회사를 운영하고, 전문적인 대중 연설가로 일하고 있다. 매 순간 시련이 닥칠 때마다 나는 내가 해낸 그 모든 일들과 앞으로 내가 해내야만 할 모든 일들, 그리고 아버지의 말씀을 머릿속에 떠올린다.

그렇다. 아버지의 말씀이 옳았다. 신은 분명히 어떤 이유를 갖고 내가 지금의 모습으로 살아가도록 만드셨다. 그리고 가장 중요한 것이 있다. 나는 하루하루의 모든 순간을 누리라고 내 자신에게 말한다. 당신이 만일 어떤 것을 할 수 있다면 지금 당장 그것을 하라. 왜 기다리는가!

글렌 매킨타이어

종이에 적은 희망사항

삶은 우리가 무엇을 하며 살아왔는가의 합계가 아니라 우리가 무엇을 절실하게 희망해 왔는가의 합계이다.

호세 오르테가 이 가세트

내 친구 마크가 강연을 하러 다니면서 만난 사람들 중에 시애틀 출신의 여성이 있었다. 그녀는 바로 얼마 전에 이혼의 고통을 겪었었다. 그녀는 마크의 강연 도중 인간은 자신이 원하는 것들을 종이 위에 적어 놓는 습관을 가져야 한다고 말하는 걸 들었다.

이혼 소송이 끝났을 때 그녀는 두 명의 친구와 함께 산속에 있는 오두막집으로 휴가를 떠났다. 그곳에서 그들은 주말을 보내며, 자신들이 원하는 이상적인 남자가 갖춰야 할 조건들을 종이

위에 썼다. 그녀는 두 친구가 적은 것보다 다섯 장 분량을 더 적
었다. 친구들이 그 내용에 감탄하며 베끼기까지 했다.

　여러 희망사항들 중에 그녀는 이렇게 적었다.

　"난 그 남자가 소형 비행기를 갖고 있기를 희망한다."

　바로 그 다음 날 그녀는 사업상의 일 때문에 한 남자를 만났
다. 두 사람은 만나는 순간 한줄기 레이저 광선이 오가는 것처럼
서로에게 끌렸다. 며칠만에 그들은 결혼 약속을 하기에 이르렀
다. 결혼식 전날 밤 그녀의 약혼자가 말했다.

　"리즈, 당신에게 할 말이 있소."

　그녀가 놀란 표정으로 남자를 쳐다보자 그가 말했다.

　"우리 아버지가 사실은 큰 은행을 소유하고 있소. 아버진 우
리에게 소형 비행기 한 대를 선물할 테니 팜 스프링스로 가서 결
혼식을 올리라고 말씀하셨소."

잭 캔필드

진정한 인간

당신이 할 수 있다고 생각하든 할 수 없다고 생각하든, 당신의 생각은 옳다.

헨리 포드

대부분의 사람들은 자신이 무엇을 원하는지 잘 모른다. 하지만 자신이 그것을 할 수 없다는 것은 너무 잘 안다.

알프레드 E. 뉴먼

최근에 조지아 주 아틀란타에 있는 라이프 카이로프랙틱 의과대학의 졸업식장에서 강연을 마치고 나서 나는 늙은 여성 졸업생 한 명을 만났다. 그녀는 나이가 72세였다.

나는 그녀를 한 번 껴안아 주고 나서 물었다.

"부인, 의과대학에 들어오기 전에는 무슨 일을 하셨나요?"

그녀가 대답했다.

"수녀 생활을 했어요. 내가 소속된 수녀회에선 그 나이가 되면 의무적으로 은퇴를 해야만 했지요."

나는 이해가 가지 않아서 물었다.

"그런데 왜 그 나이에 다시 의대에 입학해 7년이라는 긴 세월을 보내기로 결심하셨지요?"

이 질문에 그녀가 한 대답은 내 가슴 깊은 곳에 새겨져 있다. 그녀는 겸손하게 대답했다.

"왜냐하면 난 내 할 일을 다 끝내지 못했으니까요. 내 인생의 목적은 봉사랍니다."

그녀는 지금 하루에 150명의 환자를 보고 있다.

마크 빅터 한센

살아야 할 이유

〈죽음의 수용소에서〉의 저자 빅터 프랭클 박사는 아우슈비츠 유태인 수용소에서 살아남은 몇 안 되는 생존자 중 한 사람이다. 그는 독일계 유태인 정신과 의사로서 수만 명이 학살당한 곳에서 살아남았다. 열악한 음식과 환경, 아무 의료 시설조차 없는 곳에서 동료 유태인들은 수없이 죽어갔지만 그는 죽음을 이겨냈다.

전쟁이 끝난 뒤 석방된 그는 어떻게 해서 그 지옥 같은 곳을 살아낼 수 있었는가 하는 질문을 자주 받았다. 다른 사람들이 갖고 있지 않은 어떤 힘을 그는 갖고 있었는가? 어떻게 생존을 지속할 수 있었는가?

프랭클 박사는 대답했다.

"어떤 마음 자세를 갖는가는 내 선택에 달린 일임을 난 항상 기억하고 있었다. 난 절망을 선택할 수도 있고 희망 쪽을 선택할 수도 있었다. 하지만 희망을 선택하기 위해선 내가 간절히 원하는 어떤 것에 정신을 집중할 필요가 있었다.

난 내 아내의 손에 생각을 집중했다. 그 손을 한 번만 더 잡아보고 싶었다. 한 번만 더 아내의 눈을 바라보고 싶었다. 우리가 한 번 더 껴안을 수 있고, 가슴과 가슴을 맞댈 수 있기를 난 간절히 원했다. 그것이 내 생명을 일 초 일 초 연장시켜 주었다."

프랭클 박사는 아우슈비츠에 갇힌 다른 포로들보다 더 많은 에너지를 갖고 있었던 것도 아니었다. 그에게 배급되는 음식은 국한 그릇에 완두콩 한 알일 때가 더 많았다. 그러나 쓸모없이 자신에게 닥친 불행한 일들에 절망하느라 에너지를 다 써버리는 대신 그는 단 한 가지의 목표에 마음을 쏟았다. 자기 자신에게 살아남아야 할 이유를 주었으며, 그 이유에 정신을 집중함으로써 그는 실제로 살아남을 수 있었다.

잭 캔필드, 마크 빅터 한센

말의 힘

어떤 말을 만 번 이상 되풀이하면 반드시 미래에 그 일이 이루어진다.

아메리카 인디언 금언

어떤 특별한 수도원에서 많은 수도승들이 기도 생활을 하고 있었다. 이 수도회에서 한 가지 엄격히 지켜지는 것은 침묵이었다. 모든 수도승이 하루 24시간 동안 반드시 침묵을 지켜야만 했다. 누구라도 절대로 입을 열어선 안 되었다. 단, 한 해의 마지막 날이 되면 수도원장에게 두 마디의 말을 할 수 있도록만 허용되었다.

이 수도회에 새로운 수도승이 들어왔다. 그 해의 마지막 날이 되자 수도원장이 그 신참 수도승에게 할 말이 있으면 하라고 말했다. 그 수도승이 한두 마디의 말은 이것이었다.

"침대가 딱딱해요."

수도원장은 고개를 끄덕이고는 이 수도승을 계속 침묵 수행에 들게 했다.

이듬해 마지막 날이 됐을 때 수도원장은 다시 그 수도승에게 할 말이 있는가를 물었다. 수도승은 말했다.

"음식이 나빠요."

수도원장은 고개를 끄덕이고는 다시 그 수도승을 수행에 정진토록 했다.

삼 년이 되는 해의 마지막 날, 신참 수도승은 수도원장을 찾아와 다시 두 마디의 말을 했다.

"전 그만두겠어요."

그 말에 수도원장은 고개를 끄덕이며 말했다.

"당연한 일이오. 당신이 지금까지 한 말이라곤 온통 불평, 불평, 불평뿐이었소."

*

부정적인 기대가 어떤 영향을 주는가의 대표적 사례는 1984년 올림픽에 출전한 매리 데커의 경우이다. 매리는 세계에서 가장 뛰어난 여자 달리기 선수였다. 그녀는 육상 경기에서 미국의 위대한 희망이었다. 하지만 그녀는 올림픽이 열리기 전에 출연한 한 텔레비전 토크쇼에서 이렇게 되풀이 말했다.

"전 운이 따라 주질 않아요. 전 늘 운이 없어요. 운이 따라 줘야 하는데 그렇지가 않아요."

그녀는 그렇게 말하면서도 자신이 지금 무슨 말을 하고 있는지 모르는 듯했다. 당연히 그녀는 큰 압박감에 시달렸다. 그녀가 습관적으로 내뱉는 부정적인 말들이 그녀의 무의식에 강한 영향을 미쳤다. 실제로 그녀는 곧이어 벌어진 올림픽 육상 경기에서 불운의 패배를 당해야 했다.

*

신문 스포츠 난에 세 단어의 큼지막한 활자가 실렸다.

"난 세계 최고다!"

이것은 캐시우스 클레이라고 하는 젊은 무명의 권투선수가 소니 리스톤과의 큰 시합을 앞두고 신문기자에게 한 말이었다. 신문기자는 갑자기 나타난 그 건방진 친구를 한껏 비웃는 기사를 실었다. 하지만 그가 일방적인 시합으로 승리하자 언론은 그를 주목하기 시작했다. 그는 시합에서 이겼을 뿐 아니라 그것을 예언까지 했던 것이다. 클레이는 곧이어 세계 순회 경기를 돌면서도 "난 세계 최고다!"라는 말을 되풀이했다. 또한 그는 자신이 상대방을 몇 회에 쓰러뜨릴 것인지도 예언하기 시작했다. 한두 경기를 제외하고는 그의 예언은 적중했다.

훗날 무하마드 알리로 이름을 바꾼 이 선수는 과연 미래를 보는 신비한 힘을 갖고 있었던 걸까? 우리가 알지 못하던 어떤 걸 그는 이해하고 있었을까? 무하마드 알리가 갖고 있던 신비의 힘은 바로 자기 확신이었다. 알리는 결코 "난 최고의 선수다." 라든 가 "난 최고에 가까운 선수다." 라고 말하지 않았다. 그는 아주 간단하고 분명하게 "난 세계 최고다!" 라고 외치고 다녔다. 나폴 레옹 힐의 다음의 말을 그는 가장 잘 증명해 보인 것이다.

"마음은 무엇을 믿든지 그 믿음 그대로 해낸다."

＊

마크 빅터 한센과 나 잭 캔필드는 처음으로 〈마음을 열어주는 101가지 이야기〉 시리즈를 내면서, 우리의 책이 150만 부 이상 팔릴 것이라고 스스로에게 말하곤 했다. 1년 만에 이 책은 미국 에서만 150만 부가 팔렸고, 그 후 오랫동안 〈뉴욕 타임스〉 베스 트셀러 1위를 달리고 있다.

＊

시카고의 이안 그룹 회장 W. 클레먼트 스톤은 매일 아침 직원 들에게 "난 오늘 기분이 좋다. 난 오늘 건강하다. 난 오늘 너무 멋있다." 라고 외치게 했다. 클레먼트는 확신이 담긴 이 세 문장 의 말로 수십만 명의 판매 사원들을 훈련시켜 대그룹으로 성장 할 수 있었고 큰 경제적인 성공을 거두었다.

＊

〈당신이 실수할 때〉의 저자로 널리 알려진 웨인 다이어 박사는 세인트 존스 대학의 동료 교수들에게 책을 출판하기 오래 전부터 "난 베스트셀러 작가가 될 거요." 라고 말했다. 사람들은 그 말에 웃음을 터뜨렸다. 하지만 지금까지 그의 저서는 5천 8백만 부가 팔렸다.

*

인디애나 주 노틀담 팀의 명감독 루 홀츠는 자신의 선수들을 항상 "챔피언!"이라고 불렀다. 루 홀츠는 최하위 팀을 맡아 2년 만에 우승팀으로 끌어올렸다.

잭 캔필드

5

지혜를 찾아서

삶은 가르침의 연속이다.

우리는 나날의 경험을 통해 그것을 이해해야만 한다.

헬렌 켈러

지혜

세 명의 카우보이가 아침 일찍부터 말을 타고 소떼를 몰아가고 있었다. 그들 중 하나는 나바호 족 인디언이고, 나머지는 백인이었다. 하루 종일 소떼와 씨름을 하느라 세 사람 모두 식사할 겨를이 없었다.

날이 저물어 갈 무렵, 두 명의 백인 카우보이는 자신들이 지금 얼마나 배가 고픈가, 그리고 마을에 도착하면 어떤 음식을 먹을 것인가를 서로 얘기하기 시작했다. 하지만 나바호 족 인디언은 침묵을 지킬 뿐이었다. 한 친구가 그에게 배가 고프지 않느냐고 묻자 인디언은 단지 어깨를 으쓱해 보이면서 말했다.

"난 배가 고프지 않아."

그날 저녁 늦게 마을에 도착한 세 사람은 스테이크를 주문해서 허겁지겁 먹기 시작했다. 나바호 족 인디언도 열심히 음식을 입

에 넣고 있었다. 그것을 보고는 한 친구가 조금 전에 물었을 때
는 배가 고프지 않다고 말하지 않았느냐고 놀렸다. 그러자 인디
언이 말했다.

"그때는 배 고파하는 것이 지혜롭지 않았지. 먹을 게 없었으
니까."

작자 미상

나폴레옹과 모피 상인

화난 마음으로 과거를 돌아보지 말고, 두려움으로 미래를 내다보지 말라. 다만 깨어 있는 눈으로 주위를 보라.

제임스 터버

나폴레옹이 러시아를 침공했을 때의 일이다. 끝없이 혹한이 몰아치는 작은 마을 한복판에서 그의 군대가 러시아 군대와 전투를 벌이고 있었다. 밀고 밀리는 전투 속에서 나폴레옹은 그만 자신의 군대와 멀어지게 되었다. 러시아 코사크 군대가 그를 알아보고 맹렬히 그를 뒤쫓기 시작했다. 나폴레옹은 사력을 다해 도망치다가 뒷골목에 있는 모피 상점 안으로 들어갔다.

숨을 몰아쉬면서 가게 안으로 뛰어든 나폴레옹은 모피 상인에게 애원했다.

"날 좀 구해 주시오! 난 지금 쫓기고 있소. 어디에 좀 숨겨 주시오!"

모피 상인이 말했다.

"빨리 저 모피더미 속으로 몸을 숨기시오."

나폴레옹이 그리로 뛰어들자 모피 상인은 여러 겹의 모피로 나폴레옹을 덮었다.

곧바로 러시아 코사크 병사들이 밀어닥쳤다. 그들은 문을 걷어차며 안으로 들어와서는 소리쳤다.

"어디로 숨었지? 이리로 들어오는 걸 분명히 봤는데."

모피 상인의 항의에도 아랑곳하지 않고 병사들은 나폴레옹을 찾기 위해 가게 안을 샅샅이 뒤졌다. 그들은 긴 칼로 모피더미를 찔러봤지만 나폴레옹을 찾아내지 못했다. 결국 병사들은 포기하고 떠났다.

잠시 후 나폴레옹이 모피더미 아래서 기어나왔다. 다친 데는 없었다. 이때 나폴레옹의 수비대가 가게 안으로 달려왔다. 모피 상인은 나폴레옹을 향해 돌아서더니 약간 망설이며 말했다.

"당신처럼 위대한 사람에게 이런 질문을 하는 걸 용서하십시오. 하지만 꼭 알고 싶은 게 있습니다. 다음 순간에 죽을지도 모르는 그런 상황에서 저 모피더미 아래 숨어 있을 때 어떤 기분이 들던가요?"

나폴레옹이 벌떡 몸을 일으키더니 성난 목소리로 모피 상인에게 소리쳤다.

"어떻게 나 나폴레옹 황제에게 그따위 질문을 할 수 있단 말인가! 병사들! 이 건방진 놈을 밖으로 끌어내 눈을 가리고 당장 총살하라. 내가 직접 발사 명령을 내리겠다."

수비대는 가련한 모피 상인에게 달려들어 밖으로 끌어냈다. 그리고 벽에다 세우고는 눈을 가렸다. 모피 상인은 아무것도 볼 수 없었지만 수비대가 일렬로 서서 총에 장전하는 소리를 다 들을 수 있었다. 차가운 겨울바람에 자신의 옷깃이 흔들리는 소리까지 들을 수 있었다. 바람이 그의 뺨을 차갑게 스치고 옷자락을 부드럽게 잡아당기는 것도 느낄 수 있었다. 다리가 걷잡을 수 없이 떨려왔다.

모피 상인은 나폴레옹이 목을 가다듬고 천천히 명령하는 소리를 들었다.

"사격 준비…… 조준……."

이제 자신의 목숨을 영원히 앗아갈 그 몇 초의 순간에 모피 상인은 말로 표현할 수 없는 감정이 솟구쳐 눈물이 뺨을 적셨다.

한참 아무 소리도 들리지 않다가, 모피 상인은 그를 향해 다가오는 저벅거리는 발자국 소리를 들었다. 그리고 눈을 가렸던 안대가 풀렸다. 갑작스런 햇빛에 아직 눈이 어른거렸지만 상인은 자신의 눈을 깊이 들여다보고 있는 나폴레옹의 눈을 보았다. 그 눈은 그의 존재의 구석구석을 꿰뚫어보고 있는 듯했다.

이때 나폴레옹이 부드럽게 말했다.

"이제 당신은 알 것이오. 내가 그때 어떤 기분이었는지를."

스티브 안드레아스

아이의 눈

한 노인이 날마다 집 앞 흔들의자에 앉아 있었다.

의자의 팔걸이를 꼭 붙든 채로, 노인은 자신의 두 눈으로 하나님을 목격하기 전에는 절대로 그 자리를 떠나지 않겠다고 결심했다.

어느 화창한 봄날 오후, 노인은 의자에 앉아 하나님을 발견하려는 열망을 갖고 앞뒤로 몸을 흔들고 있다가 문득 길 건너편에서 놀고 있는 한 소녀아이가 눈에 띄었다. 그때 소녀아이가 갖고 놀던 공이 노인의 집 마당으로 굴러들어왔다. 아이는 공을 집으러 달려왔다.

공을 집어들고 나서 소녀는 노인을 보고 말했다.

"할아버지, 날마다 흔들의자에 나와 앉아 계시면서 사방을 두리번거리시는데, 도대체 무엇을 찾고 계시는 거예요?"

노인이 대답했다.

"아, 그건, 네가 아직 너무 어리기 때문에 설명을 해도 이해할 수가 없단다."

아이가 말했다.

"그럴지도 모르죠. 하지만 엄마는 내가 어떤 생각을 갖고 있으면 그것에 대해 말해야 한다고 하셨어요. 그러면 더 잘 이해할 수 있다구요. 엄마는 항상 '예쁜 리찌는 언제나 자신의 생각을 나눠 갖는데요.' 하고 말하죠. '어서 생각을 나눠 봐요.' 하고 엄마는 언제나 말하죠."

노인이 투덜거렸다.

"아, 귀여운 리찌야, 그런데 네가 날 도울 수 있을 것 같진 않구나."

"어쩌면 그럴지도 모르죠. 하지만 전 가만히 들어주는 것만으로도 도움을 드릴 수 있을 거예요."

"알았다, 리찌야. 말해 주마. 난 지금 하나님을 찾고 있단다."

리찌는 깜짝 놀라서 물었다.

"날마다 흔들의자에 앉아서 앞뒤로 몸을 흔들면서 하나님을 찾고 있다구요? 그 말씀 정말이세요?"

노인이 말했다.

"그렇단다. 난 죽기 전에 하나님이 존재한다는 사실을 확인할 필요가 있다. 어떤 증거라도 발견해야만 하는데, 아직 한 개의 증거도 찾지 못했어."

"증거라구요? 증거라고 하셨어요?"

노인의 말에 완전히 혼란을 느낀 리찌가 말했다.

"할아버지, 하나님께선요, 할아버지가 숨을 들이쉬고 내쉴 때마다 할아버지에게 증거를 주고 있는 거예요. 할아버지가 새로 핀 꽃들의 향기를 맡을 때도 그 증거를 주고 계시죠. 할아버지가 새들이 지저귀는 소릴 들을 때두요. 또 세상의 모든 아이들이 태어날 때도 마찬가지예요. 할아버지가 웃을 때나 울 때나, 눈에서 굴러떨어지는 눈물을 느낄 때도, 하나님은 할아버지에게 증거를 주고 계신 거예요. 할아버지의 가슴이 누군가를 껴안고 사랑할 때 그것이 바로 증거예요. 하나님은 바람 속에서, 무지개 속에서, 계절이 바뀌는 것 속에서 할아버지에게 증거를 주고 계세요. 사방에 모든 증거가 있는데 할아버진 그것을 믿지 않으시는군요. 할아버지, 하나님은 할아버지 안에도 계시고 제 안에도 계세요. 하나님을 찾으려고 할 필요가 없어요. 하나님은 언제나 이곳에 계시니까요."

한 손을 엉덩이에 얹고 다른 한 손으로는 공중을 가리키면서 리찌는 말했다.

"엄마는 말씀하셨어요. '리찌야, 네가 만일 어떤 거창한 것을 찾으려고 한다면 넌 이미 눈을 감은 거나 마찬가지야. 왜냐하면 가장 단순한 것들을 보는 것이 하나님을 보는 것이고, 모든 것들

속에서 생명을 보는 것이 곧 하나님을 보는 것이니까.' 엄마가 그렇게 말씀하셨어요."

노인이 말했다.

"리찌야, 넌 정말 똑똑하구나. 하나님에 대해서도 많이 알고 있구. 하지만 네가 방금 말한 것들만으론 충분치 않아."

리찌는 노인에게로 다가가 자신의 어린 손을 노인의 가슴에 대고 그의 귀에다 부드럽게 말했다.

"할아버지, 그것은 여기 이 가슴속에서 나오는 것이지 저곳에서 오는 게 아녜요. 할아버지의 가슴속에서, 할아버지 자신의 거울 속에서 그것을 찾으세요. 그러면 할아버지도 많은 증거들을 보게 될 거예요."

리찌는 길을 건너 돌아가다 말고 노인을 쳐다보며 미소를 지었다. 그러다가 몸을 굽혀 길가에 핀 꽃의 냄새를 맡고는 소리쳤다.

"엄마는 항상 말씀하셨어요. '리찌야, 만일 네가 어떤 거창한 것을 찾는다면 넌 이미 네 눈을 감은 거야.' 라고 말예요."

디 디 로빈슨

철새 기러기들

다음 겨울에 만일 당신이 철새 기러기들이 겨울을 나기 위해 V 자를 그리며 남쪽으로 날아가는 것을 본다면, 그들이 왜 그런 형태의 대열을 이루며 날아가는가에 대해 과학이 발견한 사실들을 떠올릴 것이다. 각각의 새가 날개를 저으면 그것은 바로 뒤에서 따라오는 새를 위해 상승기류를 만들어 준다. V자를 그리며 날아감으로써 전체 기러기 무리는 각각의 새가 혼자서 날아가는 것보다 최소한 71퍼센트의 더 넓은 거리를 날 수가 있다.

사람도 이와 마찬가지로 공통의 방향을 갖고 함께 일하면 훨씬 더 빠르고 쉽게 목적지에 이를 수 있다. 서로의 추진력에 도움을 주고받으며 여행을 하기 때문이다.

한 마리의 기러기가 대열에서 이탈하면 그 순간 그 기러기는 대기의 저항력을 느낀다. 그래서 기러기는 재빨리 대열에 합류한다. 앞서 가는 새의 추진력에 도움을 받기 위해서다.

만일 우리가 기러기만큼의 분별력이라도 갖고 있다면 우리는 우리와 같은 길을 향해 나아가는 사람들과의 대열에 합류하려고 할 것이다.

대열의 맨 앞에서 날아가는 기러기가 지치면 뒤쪽으로 물러나고 금방 다른 기러기가 앞장선다. 사람이든 또는 남쪽으로 날아가는 기러기든 힘든 일은 서로 돌아가며 맡는 것이 현명한 일이다.

뒤쪽의 기러기들은 앞서 가는 기러기들이 속도를 유지하도록 힘을 북돋우기 위해 계속해서 울음소리를 낸다. 우리가 뒤쪽에서부터 격려의 말을 들을 때 우리는 어떤 메시지를 받는가?

마지막으로, 그리고 이것이 가장 중요한 일인데, 어떤 기러기가 병에 걸리거나 사냥꾼의 총에 부상을 입어 대열에서 낙오되면 두 마리의 다른 기러기들이 그 기러기와 함께 떨어져 그 기러기가 지상에 내려갈 때까지 도와주고 보호해 준다. 두 마리의 기러기는 낙오된 기러기가 다시 날 수 있을 때까지, 아니면 죽을 때까지 함께 머문다. 그런 다음에야 두 마리의 기러기는 하늘로 날아올라 다른 기러기들의 대열에 합류하거나 자신들의 대열을 따라잡는다.

만일 우리가 기러기만큼의 분별력이라도 있다면 우리도 그와 같이 서로 의지할 수 있을 것이다.

작자 미상

하나님께서 전쟁터에 계셨음을 난 안다

교회에 갔을 때 난 하나님을 발견했다고 말할 수 없다.
내가 교회에 갔을 때 내 곁에 하나님이 계신 것을 느낀 기억이
없다.

친절하게 미소짓는 수많은 얼굴들과 멋진 옷을 입은 사람들을
본 기억은 난다.
하지만 난 언제나 불편했다. 너무 많은 사람들이 너무 비좁게
모여 있었기에.

그렇다, 난 교회에서 하나님을 본 기억이 없다.
다만 끝없이 그의 이름을 부르는 소리를 들었을 뿐.
누군가 묻는다.

"당신은 거듭나셨습니까?
그렇다면 언제 거듭나셨죠?"
난 그 말을 잘 이해할 수 없다.

베트남에서 난 하나님을 느꼈다.
그것도 거의 날마다.

밤새도록 전투가 벌어진 뒤
태양이 비를 내쫓으며 나타났을 때
난 그분을 느꼈다.
비는 이튿날 더 많은 위세를 부리며 되돌아오곤 했다.

내가 무어 하사의 찢겨진 시신을 수습해 자루에 담을 때 그분은 그곳에 계셨다.
무어 하사의 아내에게 그가 어떻게 죽었나를 설명하는 편지를 쓸 때 그분은 그곳에 계셨다.
싱크 하사의 마지막 숨소리를 들을 때 그분은 내 뒤에 서 계셨다.
내가 부상당한 스완슨 하사를 등에 업고 안 로 계곡을 내려올 때도 그분은 날 도우셨다.

1967년 5월 27일 네이팜탄의 화력이 우리 기지를 뜨겁게 달구고 있을 때 난 얼핏 그분을 보았다.

죽은 병사들을 위해 목사가 전쟁터에서 예배를 올릴 때 난 내 주위에 그분이 계심을 느꼈다.

어느 폭염이 쏟아지는 날 베트콩의 추격을 피해 멀리까지 달아나면서 내가 부하 병사들에게 한 알의 총알이라도 아끼라고 소리칠 때 난 병사들의 얼굴에서 그분이 반사되는 것을 보았다.

나무 꼭대기 위에서 우리를 향해 공중 폭격이 퍼부어질 때 그분은 나를 주기도문으로 인도하셨다.

야간 매복 초소를 만들면서
칠흑 같은 어둠 때문에 내 자신의 손등조차 보이지 않을 때
난 그분의 손길을 느꼈다.

언제나 나중에 떠오르는 삶의 여러 즐거운 추억들을 회상할 수 있도록 그분은 나에게 홀로 있음을 선물하셨다.

그분께서 전쟁 고아들에게 주신 그 힘을 난 언제나 기억한다.

그분은 그들을 강하게 만드셨지만, 그들은 그것을 이해하지 못했다.

25년이 흐른 지금 난 안다. 우리는 같은 별 아래 잠들고 있음을.

그분은 소년들을 전쟁터에 보내셨다. 그들은 청년이 되어 돌아왔다.

그들의 삶은 영원히 변했다.

자유를 지키기 위해 자신들이 싸웠음을 자랑스러워 하면서.

난 하나님이 교회에 가시는지 어떤지는 잘 모른다.

그러나 난 안다.

그분이 전쟁터에는 꼭 가신다는 것을.

미국 제9기병대 제1대대
배리 L. 맥알파인

자전거

인생은 자전거를 타는 것과 같다. 당신이 계속 페달을 밟는 한 당신은 넘어질 염려가 없다.

클라우드 페퍼(미 하원의원)

처음에 나는 신을 심판관으로만 여겼었다. 내가 저지른 잘못을 계속 추적하는 감시인이라고. 그래서 내가 죽었을 때 내가 한 행위들을 저울에 달아 천국이나 지옥으로 보낼 것이라고 생각했다. 신은 일종의 대통령처럼 항상 저 밖 어딘가에 계셨다. 난 신을 묘사한 그림들을 알아볼 수 있었지만 정확히 신을 안다고는 할 수 없었다.

하지만 훗날 내가 내 자신의 보다 높은 힘을 더 잘 알게 됐을 때 인생이 하나의 자전거 타기처럼 여겨졌다. 앞뒤에서 페달을 밟는 2인승 자전거말이다. 그리고 나는 신이 내 뒤에서 나를 도와 열심히 페달을 밟고 있음을 알았다.

나는 언제 신이 내게 자리를 바꾸자고 제안했는지 기억나지 않는다. 하지만 그 이후 삶은 전과 같지 않았다. 삶은 내 안의 보다 높은 힘으로 가득차기 시작했다. 다시 말해, 더 많은 환희와 흥분이 내 삶을 만들어 나갔다.

내가 핸들을 잡고 있을 때는 난 어디로 갈지 알고 있었다. 그것은 약간 지루하긴 했지만 그래도 예측 가능했다. 난 언제나 두 지점 사이의 가장 짧은 거리를 선택했었다.

하지만 신께서 핸들을 잡았을 때 신은 신 나게 방향을 꺾기도 하고, 가파른 산길과 돌투성이의 길들로 돌진했다. 그것도 목이 부러질 것 같은 무서운 속도로. 내가 할 수 있는 일이라곤 자전거를 꼭 붙들고 있는 것뿐이었다! 비록 그것이 미친 짓처럼 보이긴 했지만 신은 계속 소리쳤다.

"페달을 밟아! 힘껏 페달을 밟으라구!"

난 걱정이 되고 불안해져서 물었다.

"날 어디로 데려가시는 건가요?"

신은 그냥 웃기만 할 뿐 대답하지 않았다. 그리고 난 내가 차츰 신을 신뢰하고 있음을 알았다. 머지않아 난 내 지루한 삶을 잊어버리고 모험 속으로 뛰어들었다. 그리고 내가 "겁이 나요!" 하고 외칠 때마다 신은 뒤를 돌아다보며 내 손을 잡아 주셨다.

신은 나를 많은 사람들에게로 인도했으며, 그들은 내게 꼭 필요한 선물을 나눠 주었다. 나를 치료하고, 나를 받아 주고, 내게 기쁨을 선물했다. 내 여행길에서 나는 그들로부터 많은 선물을 받았다. 아니, 내 여행길이 아니라 우리의 여행길에서. 신과 나의 여행길말이다.

신이 내게 말했다.

"그대가 받은 그 선물들을 나눠 주라. 그것들 때문에 자전거가 너무 무겁다."

나는 그렇게 했다. 우리가 만나는 사람들에게 난 그것들을 나눠 주었다. 그리고 나는 줌으로써 받는다는 소중한 사실을 알았다. 또한 그것이 우리의 짐을 가볍게 하는 비결임을.

나는 처음엔 그분을 신뢰하지 않았다. 내 스스로 인생의 핸들을 잡으려고 했었다. 난 그분이 자전거를 넘어뜨릴지도 모른다고 생각했다. 하지만 그분은 자전거 타기의 명수였다. 급커브길을 도는 법, 돌멩이가 튀어나온 길을 점프하는 법, 아찔한 절벽길을 훌쩍 날아서 건너는 법을 그분은 다 알고 계셨다.

이제 나는 아주 낯선 장소에서는 입을 다물고 열심히 페달을 밟는 법을 배우고 있으며, 주위의 풍경과 내 얼굴에 와 닿는 시원한 바람을 즐길 줄 안다. 변함없는 친구인 내 안의 '보다 높은 힘'까지도!

내가 더 이상 갈 수 없다고 느낄 때마다 그분은 다만 미소를 지으며 말씀하신다.

"열심히 페달을 밟으라구!"

작자 미상

책을 번역하고 나서

당신을 위해 이 책을 번역했습니다.
내일 태양이 뜰 텐데 비가 올 거라고 걱정하는 당신에게,
행복과 불행의 양이 같다는 것을 알지 못하고
아직 슬픔에 젖어 있는 당신에게,
늙기도 전에 꿈을 내던지려고 하는 당신에게,
또한 세상은 꿈꾸는 자의 것이라는 진리를
아직 외면하고 있는 당신에게
이 책을 바칩니다.
당신은 상처받기를 두려워할 만큼
아직 늙지 않았습니다.
멀리뛰기를 못할 만큼 다리가 허약하지도 않습니다.
우산과 비옷으로 자신을 가려야 할 만큼
외롭거나 비관적이지도 않습니다.
또 무엇보다도 당신의 눈은 별을 바라보지 못할 만큼
시력이 나쁘지도 않습니다.
당신에게 필요한 일은 단 한 가지,
마음을 바꾸는 일입니다.

마음을 바꾸면 인생이 바뀐다는 평범한 진리를
다시 한 번 옛 노트에 적어 보는 일입니다.
당신이 한때 가졌던,
그리고 아직도 당신 가슴속에서 작은 불씨로 남아 있는
그 꿈을 실현하는 일입니다.
한쪽 문이 닫히면 언제나 다른쪽 문이 열리지요.
문이 닫혔다고 절망하는 당신에게
다른쪽 문을 찾아보기를 두려워하는 당신에게
이 책을 바칩니다. 앙드레 지드가 말했습니다.
"지상에서 아무것에도 집착하지 않고
부단히 변화하는 것들 사이로
영원한 열정을 몰아가는 자는 행복하여라."
당신을 위해 이 책을 번역했습니다.
당신이 이 책의 주인공이기를 기원합니다.
삶은 때로 낯설고 이상한 것이긴 하지만
신은 목적을 갖고 당신을 이곳에 있게 했습니다.
그 목적을 외면한다면 당신은
외롭고 고립될 수밖에 없습니다.
자신에게 주어진 배움을 충분히 실현할 만큼
당신은 이미 완전한 존재입니다.
당신이 삶을 창조합니다.

다른 누구도 당신을 대신할 수 없습니다.
불면의 밤을 깨치고
자기 자신과 대면하기 위해 길 떠나는 당신에게,
경험하기 위해 세상에 왔음을 안 당신에게,
창조적이고 명상적인 삶을 두려워하지 않는 당신에게
이 책을 바칩니다.

류시화

마음을 열어주는 101가지 이야기 _ 101명의 추천사

어머니의 눈물이 스며들어 있다

-정호승(시인)

사랑은 숨을 쉬듯 움직이며, 모든 시간을 새롭게 만든다

-김용택(시인)

추운 겨울 따뜻한 엄마 손처럼 마음을 쓰다듬어주는 책

-백남용(명동성당 주임신부)

감동의 해일로 마음 바다가 더 푸르러진 느낌이다

-정찬주(소설가)

별에 오르기 위해 우리는 작은 걸음부터 내디뎌야 한다

-오정희(소설가)

백두 번째 이야기의 주인공은 우리들이다

-현병호(대안교육 전문지 〈민들레〉 발행인)

더 따뜻한 엄마가 될 수 있도록 도와주었다

-김제남(녹색연합 사무처장)

우리는 받음으로써 생계를 꾸리지만, 베풂으로써 진정한 삶을 산다

-이현주(목사)

작은 것이 작지 않고 큰 것이 크지 않다. 그 이름이 크고 작을 뿐이다

-김훈(소설가)

온 마음으로 믿는다면 이루어지지 않는 것이란 없다

-이문재(시인)

깊게 느끼는 사람들은 모든 것을 용서할 수 있다
 −곽재구(시인)

하나하나의 인생은 한 권의 살아 있는 교과서
 −이금희(아나운서)

자기 자신의 가치는 스스로 만드는 것임을 배웠다
 −HOT(가수)

삶의 소금 같은 이야기들
 −장사익(민족성악가)

위대한 일을 성취하고자 애쓸 게 아니다.
작은 일들에 성의를 다하는 게 중요하다
 −최일도(목사)

삶에는 실패가 없다. 배움의 기회들이 수없이 많을 뿐이다
―김남조(시인)

단 하나뿐인 이야기를 하는 데는 천 개의 목소리가 필요하다
―유안진(시인)

자신의 삶을 고양시키고 싶다면, 두려워하는 일을 하라
―홍신자(전위무용가)

스스로 되고 싶은 자신에 대해 말해보라.
그러면 해야 할 일을 해낼 수 있다
―오한숙희(여성학자)

더 멀리 가려고 시도해봐야 얼마나 멀리 갈 수 있는지 알 수 있다
―박항률(화가)

젊음은 현재에 복종하지 않고 미래를 두려워하지 않는 것

－윤방부(연세대 의대 교수)

진실해질 용기가 없으면 꿈을 가질 수 없다

－최열(환경운동연합 사무총장)

사람은 서로가 서로의 길을 밝혀주는 등불이 될 수 있다

－송석구(동국대 총장)

신념은 보지 못하는 것을 믿는 것이지만,
또한 믿는 것을 보게 해준다

－강맑실(사계절 출판사 대표)

마음이 움직이는 소리가 들린다

－신혜수(여성의 전화 연합회장)

기력을 북돋우는 추임새와 같은 책

—박범훈(중앙대 음악대학 교수)

남을 판단하려 드는 사람에게는 사랑할 시간이 없다

—최태지(국립발레단 예술감독)

인생은 고해, 그 바다에서 건져낸 따뜻한 이야기

—이주향(수원대 철학과 교수)

나눔이 주는 인간적이고도 아름다운 삶

—김혜경(도서출판 푸른숲 대표)

한여름날 얼음비를 맞는 청량함

—이학종(〈법보신문〉 편집부장)

자기 성찰을 할 때 생명의 진실이 눈에 띈다

–도법(실상사 주지)

사람들은 제각기 자신의 길을 걷는다.
그래도 갈림길에서 나눌 얘기들이 있다

–김승희(시인)

곧은 소리는 곧은 소리를 부른다

–주철환(프로듀서, 교수)

큰 도움을 베풀기는 어렵지만,
작은 친절을 베풀 기회는 늘 우리 곁에 있다

–장석남(시인)

일상 속에 묻혀 버린 희망의 실마리를 끄집어내 보여주는 책

–오미희(방송인)

일상의 숨이 가빠올 때 마시는 한 모금의 생수 같은 이야기들

－유지나(영화평론가)

삶의 필수 아미노산과 같은 웃음을 주는 책

－강태형(도서출판 문학동네 대표)

성장은 변화하는 것이고, 변화하기 위해서는 위험을 무릅써야 한다

－김민수(교사)

불행하다고 느끼는 당신의 새로운 시작을 위한 책

－황주리(화가)

사랑하고 사랑받는 세상을 만드는 등대

－이상현(삼성전자 대표이사)

길을 조금 돌아간다고 해서 실패한 것은 아니다

-함민복(시인)

무지개가 뜨려면 비와 햇빛이 모두 있어야 한다

-안숙선(국악인)

운명을 바꿀 수 없다면 자신의 태도를 바꿔라

-최완규(드라마 작가)

내 앞이나 뒤가 아니라 내 안에 무엇이 있는지가 중요하다

-정중모(도서출판 열림원 대표)

이 어여쁜 이야기들을 읽다 눈을 뜨면
문득 세상이 환하게 변해 있다

-공경희(번역가)

많이 울었다. 그리고 좀 더 행복해졌다

-양희규(간디학교 교장)

우리가 남기는 것들 중 가슴에 살아 있는 것이 죽지 않는 것이다
- 김정수(〈여성시대〉 프로듀서)

새롭게 삶을 가꿀 필요가 있다면 이 책에 묻혀보라
-이근후(이화여대 의대 교수)

불행은 닫힌 문 앞에서 서성대느라
새로 열린 문을 보지 못하는 것이다
-이미도(외화 번역가)

좌절을 부수고 희망을 일깨우는 종소리를 듣는다
-영담(불교신문사 대표)

그대의 노래가 내 영혼의 강물 되어 흐른다
-이호신(동양화가)

마음의 평화는 용서를 통해서만 얻어진다

−차범석(극작가)

늘 바깥으로만 바라보던 시선을
내 안으로 돌리는 그 순간이 마음이 열리는 때다

−원성(스님)

오래 따뜻한 아랫목 온돌 같은 이야기들

−구본형(변화경영 전문가)

절망은 안개 같은 게 아닐까.
시간이 지나면 흩어지게 돼 있다

−김수미(탤런트)

앞이나 뒤를 보려 하지 말고 항상 위쪽을 보려고 노력하라

−최광호(사진가)

산다는 것은 자신의 이야기를 만들어가는 것이다

-손혜경(화가)

두밀리 밤하늘에 뜬 아름다운 별빛 같은 이야기

-채규철(두밀리 자연학교 교장)

삶에서 가장 아름다운 것은 보거나 만져지는 게 아니라

마음으로 느껴진다

-정끝별(시인)

생활 속의 선禪, 그 단순한 진리

-김형균(도서출판 동쪽나라 대표)

복잡하고 어지러운 세상에 우리가 존재하는 이유는 무엇일까?

-김형섭(정신과 전문의)

사랑하고, 일하고, 하늘에 떠 있는 별을 볼 수 있다는 것으로
삶은 소중한 것이다
–김광보(연극연출가)

사람이 그리운 계절, 포근히 감싸주는 언어의 온기
–양억관(번역가)

세상의 천재적인 예술가들도 결국은 모두
사람 사는 이야기를 하고 있다
–이우일(만화가)

삶이 갑자기 캄캄해졌을 때 열어보면 좋을 책
–장원(환경운동가)

101가지의 작은 이야기들이 모여 세상을 바꾼다
–윤은기(정보전략연구소 대표)

진정으로 사랑하고 싶다면 용서하는 법을 먼저 배워야 한다

−유관호(재독 사진가)

사람과 사람 사이를 이어주는 무지개 다리

−김난주(번역가)

지상에 존재하는 것들은 처음에는 모두
사람들 마음속에 존재하던 꿈이었다

−한찬숙(여행가)

내 안으로 열린 길을 따라 걷게 해주었다

−황청원(시인)

행복이 있는 자리는 내 안이다

−황중환(만화가)

항구에 머무르는 배는 안전하겠지만,
그게 배가 만들어진 목적은 아니다
- 김승규(농구해설가)

도전을 만났을 때는 길 밖으로 비켜나려 하지 말고 길을 찾아라
- 송일봉(여행작가)

시간이 지나면 지금 했던 일보다
하지 않았던 일들 때문에 후회하게 된다
- 이인환(소설가)

완벽하게 살려고 하면, 삶에서 배울 수 있는 것은 아무것도 없다
- 권오분(수필가)

세상이 차갑게 느껴진다면, 불을 지필 사람은 당신이다
- 홍승우(만화가)

보이지 않게 다른 이들의 버팀목이 되어주는 사람이 있다

−신일호(인터코 에이전시 대표)

잘 걷는 자는 흔적이 없다

−배문성(시인)

믿음과 사랑으로 서로를 대한다면, 세상이 좀 더 여유롭지 않을까

−하일성(야구해설가)

노력한다는 것은, 힘에 겨울 때까지가 아니라 끝까지 해본다는 뜻이다

−송경순(구성작가)

사람과 사람 사이에 '이 책'이 있다

−이갑수(궁리 출판 대표)

자아를 열 때 진정한 자신을 발견한다

          −김정일(정신과 전문의)

내면의 소리에 귀기울일 줄 알아야
밖에서 들려오는 소리도 잘 듣게 된다

          −김수철(가수)

사람 사이의 관계가 사랑과 정성으로 이루어져 있다면
세상이 아름다워질 것이다

          −이주실(연극배우)

내 영혼의 세탁소

          −하성란(소설가)

세상이 당신에게 베푸는 것보다 더 많은 일을 세상에 베풀어라

          −백창우(가수)

인생의 기쁨은
삶의 곳곳에 숨어 있는 소소한 아름다움을 발견하는 것이다
―이인경(문학포럼 대표)

사랑은 할 수 없는 일이 아무것도 없게 만든다
―김미라(구성작가)

슬픔을 삶의 거름으로 바꾸어 살아야겠다
―장수옥(《농민신문》 기자)

고통의 대가로 아무것도 얻지 못하더라도,
우리는 조금 다른 사람이 되어 있을 것이다
―김갑수(시인)

참 인생은 결국 사람과 사람 사이에서 이루어진다
―엄경희(문학평론가)

자신의 그늘을 사랑할 수 있을 때 이 세상도 사랑할 수 있게 된다

-정우숙(희곡작가)

남을 돕고 있지 않다면 그는 성공한 사람이 아니다

-허용무(사진가)

사랑의 힘은 세계를 변화시킬 수 있다

-하덕규(가수)

사람에게 가장 중요한 부분은 누군가를 위해 비워둔 마음이다

-문태준(시인, 불교방송 프로듀서)

고통은 본연의 자아를 드러나게 해준다

-김경미(시인)

삶에는 속도를 내는 것보다 더 중요한 게 있다

-이상화(드라마작가)

책임을 받아들이는 능력이 사람을 판단하는 잣대가 된다

-김경수(문학평론가)

무엇이 가능하고 무엇이 불가능한지
명확히 말할 수 있는 사람은 없다

-이수연(KBS 기자)

마음을 열고 세상을 바라보면
이전과는 다른 세상이 보일 것이다

-김민희(카운슬러)

이 책은 미소 짓는 행복, 눈시울 촉촉한 사랑,
아주 많이 소중한 사람의 친구였습니다

-이주호(가수)

류시화

시인. 시집으로『그대가 곁에 있어도 나는 그대가 그립다』
『외눈박이 물고기의 사랑』과 잠언 시집『지금 알고 있는 걸 그때도
알았더라면』, 치유 시집『사랑하라 한번도 상처받지 않은 것처럼』과
하이쿠 모음집『한 줄도 너무 길다』『백만 광년의 고독 속에서
한 줄의 시를 읽다』를 집필했고, 네팔, 티벳, 스리랑카, 인도 등을 여행하며
자유의 본질 그리고 깨달음에 관한 사색과 명상이 가득한 산문집
『삶이 나에게 가르쳐준 것들』『하늘 호수로 떠난 여행』『지구별 여행자』
등과 인디언 추장 연설문 모음집『나는 왜 너가 아니고 나인가』를 썼으며,
『티벳 사자의 서』『조화로운 삶』『달라이 라마의 행복론』『용서』
『삶으로 다시 떠오르기』『술 취한 코끼리 길들이기』등 영적 스승들의
명상서적을 소개해 왔으며, 죽음을 앞둔 수백 명이 남긴
'인생에서 꼭 배워야할 것들에 대한 위대한 가르침'『인생 수업』을
우리말로 옮겼다. 명지대 김재윤 교수의 논문 설문조사에서
20세기 가장 위대한 시인 10위, 21세기 주목해야할 시인 1위,
평소에 좋아하는 시인으로는 윤동주 시인 다음으로 선정됐다.
저작권 협회의 집계 기준으로 류시화 시인의 시는
라디오에서 가장 많이 낭송되는 시로 꼽힌다.

마음을 열어주는 101가지 이야기 2

초판   1쇄 발행 _ 1996년 12월 12일
초판 67쇄 발행 _ 2010년 1월 8일
개정판 1쇄 발행 _ 2014년 11월 10일

지은이 _ 잭 캔필드 · 마크 빅터 한센
옮긴이 _ 류시화
펴낸이 _ 함용태
펴낸곳 _ 인빅투스
등록 _ 2014년 2월 28일(제2014-123호)
주소 _ 서울시 강남구 언주로 165길 7-10(신사동 624-19) 우)135-895
주문 및 문의 전화 _ 02-3446-6206 / 02-3446-6208
팩스 _ 02-3446-6209
ISBN 89-85599-07-0 03840